Alexander J. Wurzer

Patentmanagement

Ein Praxisleitfaden
für den Mittelstand

AF125502

Alexander J. Wurzer

Patentmanagement

Ein Praxisleitfaden
für den Mittelstand

© 2004 Alle Rechte vorbehalten

RKW - Verlag

Düsseldorfer Straße 40
65760 Eschborn

RKW-Nr. 1479
ISBN 3-89644-226-0

Layout und Druck: RKW Eschborn

Inhaltsverzeichnis

Vorwort

Der Mittelstand ist das Rückgrat der deutschen Industrie. Mittelständische Unternehmen beschäftigen mehr als zwei Drittel aller Arbeitnehmer, bilden 80 Prozent der Auszubildenden aus und tragen jeweils rund die Hälfte zur Bruttowertschöpfung, zu den steuerpflichtigen Umsätzen und den Bruttoinvestitionen aller Unternehmen in Deutschland bei: Auf den mittelständischen Betrieben ruht die hiesige Wirtschaftskraft. Die kleinen und mittleren Unternehmen verkörpern einen Großteil des Innovationspotenzials der Wirtschaft, und von ihrem Erfolg hängt die Schaffung zukunftsorientierter Arbeitsplätze ab.

Das wichtigste Kapital des Mittelstands sind seine Ideen – seine Innovationskraft. Die Ausarbeitung und Umsetzung immer neuer Lösungen für die Herausforderungen des internationalen Wettbewerbs sind der zentrale Erfolgsfaktor. Innovationen sind unverzichtbar, wenn es darum geht, schnell neue Marktnischen zu besetzen, oder dem Wettbewerb einen Schritt voraus zu sein. Im Zeitalter immer leistungsfähigerer und komplexerer Produkte findet der Wettbewerb heute zunehmend auf der technologischen Ebene statt.

Das Prinzip der permanenten technischen Innovation ist für Unternehmen heute mehr denn je die Voraussetzung für den wirtschaftlichen Erfolg. Deshalb ist der Schutz von Erfindungen, neuen Dienstleistungen oder einzigartigen Marketingideen für den Mittelstand genauso wichtig wie der Schutz seiner Finanzkraft. Das geistige Eigentum eines Unternehmens ist sein kostbarstes Kapital.

Jedoch ist es mit dem Aufbau eines nachhaltigen Patentbestandes für eine erfolgreiche Unternehmensentwicklung nicht genug. Erst durch das zielgerichtete Management der immateriellen Werte lässt sich mit Hilfe der Patente die Unternehmensstrategie umsetzen: Patentstrategie ist Unternehmensstrategie. Erst das betriebswirtschaftlich orientierte Management von gewerblichen Schutzrechten, parallel zum Innovations-, Wissens- und Finanzmanagement, macht die Patente für das Unternehmen in vollem Umfang nutzbar. Es ist höchste Zeit, dass Patente im Mittelstand nicht nur als Kostenstelle, sondern als Profitcenter gesehen werden.

Diese Broschüre gibt dem mittelständischen Unternehmer konkrete Empfehlungen für die betriebliche Praxis an die Hand. Es werden die Schlüsselfaktoren für ein erfolgreiches Patentmanagement beschrieben und es wird anhand einer Fallstudie der Weg zum profitablen Patentportfolio dargestellt. Die Broschüre wird abgerundet durch eine Vielzahl von Quellen für die

Patentrecherche und durch Hinweise zu Institutionen im Gewerblichen Rechtsschutz sowie zu weiterführender Literatur.

Alexander J. Wurzer

München, Januar 2004

1 Wirtschaftliche Bedeutung von Patenten[*] für den Mittelstand

Innovation als Grundlage von Wettbewerbsvorteilen

Im gewerblichen wie im privaten Bereich gilt der Grundsatz der Nachahmungsfreiheit. Das heißt, erfolgreiche Produkte und Ideen können folgenlos nachgeahmt werden, wenn sie nicht durch ein gewerbliches Schutzrecht oder das Urheberrecht geschützt sind.[1] Der Schutz der eigenen Technologie ist auch ein Schutz der unternehmerischen Investition. Technische Innovationen verschlingen viel Zeit und Geld. Motorola brauchte 15 Jahre und 150 Mio. US$, bis seine Handys zu wahren Goldeseln wurden. Bei Corning brauchte die Entwicklung der Glasfaser bis zum überwältigenden Markterfolg zehn Jahre und 100 Mio. US$[2]. Dabei ist die aktive Forschung und Entwicklung oder kurz F&E ein unbestrittener Erfolgsfaktor. Die F&E-Aufwendungen der Unternehmen sind in den letzten Jahren immer stärker gestiegen; seit 1995 um fast 50 Prozent.[3] Das heißt für die Unternehmen konkret: Um wettbewerbsfähig zu bleiben, muss immer mehr Geld für Innovationen ausgegeben werden. Damit diese Investition in Innovation auch als Wettbewerbsvorteil genutzt werden kann, muss die neue Technik vor Nachahmung geschützt werden. Erst der Schutz des eigenen Knowhows erlaubt die wirtschaftliche Nutzung in vollem Umfang. Auf den Punkt gebracht vom Chef der zentralen Forschung der Siemens AG Carl Weyrich: „F&E macht aus Geld Wissen. Innovation macht aus Wissen Geld".

Für den Mittelstand sind die klassischen Tugenden wie Produktqualität, Lieferfähigkeit und kundenorientierte Produkte heute erweitert, um den Patentschutz zur Sicherung von Wettbewerbsvorteilen aus Innovation.[4] Dabei sollte zwischen den Begriffen der „Invention" und der „Innovation" unterschieden werden. Invention steht dabei für eine technische Neuerung ganz allgemein. Der Begriff der Innovation steht für eine erfolgreich am Markt umgesetzte Neuerung.

Patente sichern den wirtschaftlichen Nutzen der Innovationen

Patente sind ein Indikator für den Innovationserfolg. Nur wenn sich die Unternehmen einen wirtschaftlichen Vorteil versprechen, werden sie die Kosten und Mühen von Patentanmeldeverfahren und der Durchsetzung

---

[1] Die Zahlen beziehen sich auf das Literaturverzeichnis auf S. 103 ff.

[*] Der Begriff Patente wird in der gesamten Broschüre stellvertretend für alle technischen gewerblichen Schutzrechte verwendet.

ihrer Schutzrechte gegenüber Dritten auf sich nehmen. Der gesamte Bestand an Patenten eines Unternehmens wird häufig als Patentportfolio bezeichnet; analog zum Beispiel zum Begriff des Produktportfolios eines Anbieters.

Im europäischen Vergleich werden in Deutschland mit Abstand die meisten Patente angemeldet.[5] Die Patentanmeldezahlen steigen hierzulande im sechsten Jahr infolge inzwischen auf über 135.000 p.a. und haben sich in dieser Zeit nahezu verdoppelt.[6] Gleichzeitig sind die aktivsten Patentanmelder kleine und mittelständische Unternehmen.[7] Mit seinen Patentanmeldungen lässt sich der deutsche Mittelstand seinen enormen Schatz an innovativem Know-how schützen. Patente gehören damit für den technologiestarken Mittelstand zu den wichtigsten Aktiva. Durch den Monopolschutz der technologischen Wettbewerbsvorteile werden Unternehmensziele umsetzbar: *Unternehmensstrategie ist Patentstrategie.*

Mit diesem Vorgehen sind die Unternehmen gut beraten. Empirische Studien zeigen: Patentaktive Unternehmen haben ein größeres Umsatzwachstum durch Neuprodukte, eine höhere Umsatzrendite und erreichen eine Verschlechterung der Marktposition von Wettbewerbern zum Beispiel durch „invented around"-Effekte - also dem aufwändigen Suchen nach Umgehungslösungen für geschützte Technologien.[8] Für patentaktive Unternehmen ist der Weg frei, durch die intensivere Nutzung der Schutzrechte den Return-on-Investment für die enormen Entwicklungsanstrengungen zu verbessern. Leider nutzen mittelständische Unternehmen nur ca. 40 Prozent ihrer erteilten Patente. Damit lassen sie zwischen 75 und 110 Mrd. Euro an F&E-Investitionen wirtschaftlich ungenutzt.[9] Kein Unternehmen kann sich auf Dauer die enormen Investitionen in patentierte Innovationen ohne konsequente wirtschaftliche Umsetzung leisten.

Die Bedeutung von Patenten als Wirtschaftsgut nimmt zu

Konnte man in der Vergangenheit bestenfalls in Technologiejournalen oder juristischer Spezialliteratur von Patenten lesen, so finden sich Berichte über deren wirtschaftliche Konsequenzen seit kurzem auch in den Wirtschaftsteilen der Publikumspresse. Parallel zur klassischen Rolle der gewerblichen Schutzrechte als „Monopolrente für Entwicklungserfolge"[10] steigt die Bedeutung von Patenten als Wirtschaftsgut. Um Patente wird laut dem Wochenmagazin „Die Zeit" „gekämpft wie um Schürfrechte"[11]. Es vergeht keine Woche, in der nicht in der Tagespresse über Patentstreitigkeiten, Lizenzrechte oder geschützte Technologien berichtet wird. So stand kürzlich in der „Welt" zu lesen, dass das in Martinsried bei München beheimatete Biotechnologieunternehmen Morphosys im Zuge einer Patentstreitigkeit 12

Prozent seiner Unternehmensanteile an den Wettbewerber und Patentinhaber Cambridge Antibody Technology CAT abgeben und sich für fünf
Jahre zur Zahlung von jährlich einer Million Euro verpflichten musste[12] - bei
ca. 17 Mio. Euro Jahresumsatz. Auch über drohende Umsatzausfälle bei
Pharmaunternehmen wegen des Auslaufens von Wirkstoffschutzrechten
wird berichtet – und der Kapitalmarkt reagiert.[13] Inzwischen wird an der
Bankakademie in Frankfurt das Handling von Schutzrechten im Bankenumfeld unterrichtet[14] und die zukünftigen Ratingexperten lernen Schutzrechte
zu evaluieren.[15] Hier werfen die neuen Eigenkapitalrichtlinien der Banken
und damit die Risikoeinschätzung des einzelnen Technolgieunternehmens
oder eines F&E-Investments ihre Schatten voraus. Der Trend zeichnet sich
klar ab: Patente werden für die Banken zu einem Indikator für die wirtschaftliche Kraft des Unternehmens.

Wirtschaftliche Aktivierung von Patenten – Die Konzerne machen es vor

Durch die konsequente Vergabe von Lizenzen auf ihre Schutzrechte gelingt
es internationalen Technologiekonzernen regelmäßig, jährliche Millionener-
löse zu erwirtschaften. So wird von IBM die Steigerung der Lizenzerlöse
innerhalb der letzten zehn Jahre von 30 Mio. US$ auf fast 1 Mrd. US$ jährlich
gemeldet.[16] Auch Großunternehmen wie Texas Instruments (TI) oder Dow
Chemical gehen diesen Weg, um die kontinuierlich steigenden Entwicklungskosten für neue Produkte und Technologien über die Vermarktung der
Patente schneller zu amortisieren.[17] Dow Chemical hat ergänzend zu
diesem Vermarktungsweg durch ein straffes Patentmanagement die jährlichen Kosten für das Patentportfolio um 50 Mio. US$ senken können.[18]

Die mittelständischen Unternehmen in Deutschland ziehen bei dieser
Aktivierung des Wirtschaftsgutes Patent nach und gehen in die Offensive.[19]
So werden zum Beispiel beim Automobilzulieferer BERU in Ludwigsburg
durch konsequente Ausnutzung von Schutzrechtsinformationen die F&E-
Zeiten deutlich verkürzt – wettbewerbsentscheidend in einer Branche mit
dramatisch steigender Innovationsrate.[20] Flankierend wurde durch strategische Patentierung das Potenzial für zukünftige Lizenzerlöse geschaffen.

Patente als M&A-Währung und Finanzmarktobjekt

Diese Beispiele illustrieren das neue Denken über Patente. Ehemals Teil der
Rechtsabteilung und ähnlich wie „Versicherungspolicen gegen technologischen Wettbewerb" behandelt, werden sie zusehends zu einem aktiven
und wertvollen Wirtschaftsgut.[21] Bei vielen Unternehmen gilt das Patentportfolio als der wesentliche Wert im Unternehmen. So war es möglich, dass

eine kleine Ausgründung der Stanford University in Kalifornien, die Amati Communications mit kaum 13 Mio. US$ Jahresumsatz und ca. 30 Mio. US$ Verlust pro Jahr, von Texas Instruments zu einem Preis von 395 Mio. US$ gekauft wurde. Die 25 Amati-Patente hatten eine besondere Bedeutung. Amati Communications hatte über wenige Jahre hinweg ein Schutzrechtsportfolio in der Digital Subscriber Line (xDSL)-Technologie aufgebaut. Für TI war es die beste Möglichkeit, einen technologischen Marktvorteil für den 6 Mrd. US$–Weltmarkt für xDSL-Modems, einzukaufen.[22]

Anwendung und Umsetzung des Patentmanagements im Mittelstand

Es stellt sich für das patentaktive mittelständische Unternehmen die Frage nach einer zielgerichteten und betriebswirtschaftlich orientierten Patentstrategie sowie nach einem praxisorientierten Patentmanagement. An Hochschulen wurden dazu bereits Konzepte entwickelt. So bietet die Steinbeis-Hochschule Berlin einen berufsbegleitenden Zertifikatslehrgang „Intellectual Property Management" an.[23] Bei Technologiekonzernen werden diese Maßnahmen mit Erfolg zur Ertragssteigerung und Kosteneinsparung umgesetzt.[24]

Das Patentmanagement als Mittel zur Umsetzung einer Patentstrategie muss dabei streng die Geschäftsziele des Unternehmens verfolgen. Die einzelnen Schlüsselfaktoren des erfolgreichen Patentmanagements werden im dritten Kapitel dargestellt. Die einzelnen Aspekte der Patentstrategie werden im nächsten Abschnitt beschrieben. Dabei sind die wichtigsten Geschäftsziele der mittelstandsorientierten Patentstrategie:

Ziel 1: Stärkung des eigenen Marktvorteils

- durch konsequenten und strategischen Produkt- und Verfahrensschutz (keine Gelegenheitspatente; keine Schutzrechte, die nicht verfolgt werden; keine Schutzrechte in Ländern, die keine Markt- oder Wettbewerbsrelevanz haben etc.),

- durch die Steigerung der F&E-Effizienz (keine Doppelforschung und Doppelentwicklung; keine Patentverletzungen; Ausnutzung von F&E-Kooperationen; Ausnutzung der Innovationsquelle Patentinformation etc.) und

- durch rasche Marktanpassung und technologische Flexibilität (Nutzung des technologischen Marktzugangs durch Lizenznahme; Absicherung der Marktzugänge durch Patentierung; Nutzung des technologischen Know-hows von Lizenzgebern etc.).

Ziel 2: Verbesserung der Kapitalleistung

- durch Nutzung der F&E-Aufwendungen und Patentierungskosten zur Vergabe von Lizenzen an Dritte,

- durch die Realisierung von Kosteneinsparungspotenzialen im Patentportfolio,

- durch aktive Nutzung des Patentportfolios im Kapitalmarkt (Patentberichte an Kapitalgeber; Patente als Währung bei Beteiligungen; Expansionsfinanzierung durch Schutzrechte).

Ziel 3: Steigerung der Wettbewerbsfähigkeit

- Behinderung von Wettbewerbern (strategische Wettbewerbsanalysen und aktive Patentpolitik),

- exklusive Ausnutzung von Marktchancen (Marktsicherung und exklusive Nutzung der eigenen technologischen Basis) und

- Reduzierung von Wettbewerbsrisiken (Überwachung von Verletzungspotenzialen; Analyse von Wettbewerberstrategien).

In den anschließenden Abschnitten werden die praxisrelevanten Aspekte für den Mittelstand dargestellt.[25] Im vierten Abschnitt wird die Anwendung des Patentmanagements zur Umsetzung der konsequenten Profitabilisierung des Patentportfolios beschrieben.

2   Patentstrategie als Wettbewerbsvorteil

Patentstrategie muss den Zeitfaktor berücksichtigen

Strategie wird klassisch als ein Maßnahmenbündel der Unternehmen verstanden, um langfristige Ziele zu erreichen. Das heißt, auch bei Fragen der Patentstrategie ist die zeitliche Dimension zu berücksichtigen. Um den zeitlichen Rahmen für die Patentstrategie zu überblicken, sollten einige Rahmendaten des Innovations- und Patentprozesses berücksichtigt werden. Vom Zeitpunkt der Innovation bis zur Anmeldung vergehen in der Industrie zwischen 12 und 24 Monate.[26] Die Erteilungszeiten am Deutschen Patent- und Markenamt liegen aktuell zwischen zwei[27] und drei[28] Jahren. Der Beginn der wirtschaftliche Nutzung der den Patenten zu Grunde liegenden Innovation liegt im Bereich von drei bis fünf Jahren nach dem Innovationszeitpunkt.[29] In wettbewerbsintensiven Branchen ist schon nach drei bis vier Jahren mit dem Auftauchen von alternativen Lösungen zu rechnen.[30] Durchschnittlich liegt die Dauer der Aufrechterhaltung von Schutzrechten zwischen acht[31] und zwölf[32] Jahren. Die maximale Laufzeit eines Patents ist in der Regel 20 Jahre. Zusammenfassend sind die Zeitskalen der Patentnutzung in Bild 1 dargestellt.

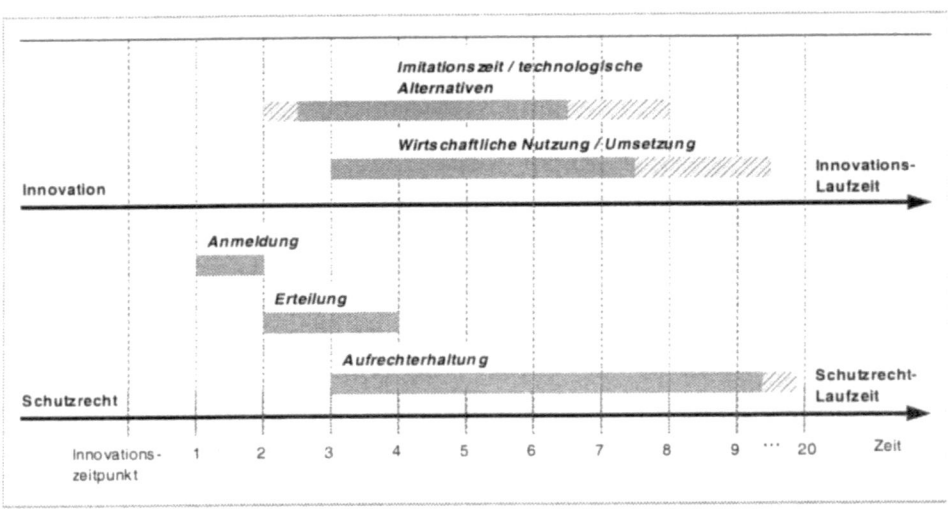

Bild 1:   Zeitskala der Innovations- und Patentnutzung. Quelle:
PATEV GmbH & Co. KG, München • Karlsruhe • Bonn. © 2004.

Aus diesen Zeitskalen lassen sich folgende Konsequenzen für die aktive wirtschaftliche Nutzung des Patentportfolios eines Unternehmens ableiten:

- Der Aufbau eines unternehmenswirksamen Patentportfolios braucht Zeit. (Dabei liegt die typische Zeitskala für innovationsaktive Unternehmen bei drei bis fünf Jahren.)

- Die Pflege eines Patentportfolios muss regelmäßig geschehen. (Abhängig von der Innovations-, Patentierungs- und Wettbewerbsintensität innerhalb der Technologie und Branche mindestens in einem jährlichen Zyklus. Dabei ist es wichtig, das Patentportfolio zur Beurteilung als ganzes zu betrachten und nicht bei jeder einzelnen Aufrechterhaltungsentscheidung das einzelne Schutzrecht zu bewerten (siehe drittes Kapitel).)

- Nachhaltige Wettbewerbseffekte treten erst mit einem Zeitverzug auf. (Unternehmen mit aktiver strategischer Patentpolitik sind nach Umsatzwachstum, Umsatz pro Beschäftigten und der zeitlichen Entwicklung des Umsatzes erfolgreicher als Unternehmen mit inaktiver bzw. unsystematischer Patentaktivität. Die typische Zeitskala ist dabei zwei bis drei Jahre. Nach dieser Zeit können Unternehmen mit Umsatzsteigerungen als Ergebnis von nationalen Patentanmeldungen rechnen.[33])

- Die Aktivierung der Patentportfolios für Lizenzeinnahmen sollte langfristig erfolgen. (Die aktive Strukturierung eines Patentportfolios zur Vergabe von Lizenzen, die Identifikation und Qualifizierung von geeigneten Lizenzpartnern sowie die eigentliche Vergabe der Lizenzen benötigt nicht selten 12-18 Monate bis zur Einigung mit dem Lizenzpartner.)

- Einsparungseffekte machen sich erst mit einem Zeitverzug bemerkbar. (Die verschiedenen Gebühren wie zum Beispiel Anmelde- oder Prüfgebühren sind für ein Schutzrecht einmalig. Darüber hinaus werden jährlich die Aufrechterhaltungsgebühren jeweils für ein Schutzrecht fällig. Für ein ganzes Patentportfolio sind über das ganze Jahr hinweg Zahlungen an die verschiedenen internationalen Ämter notwendig. Damit wirken sich Einsparungseffekte durch das Streichen von einzelnen Patenten auf das Gesamtbudget mit einer gewissen Verzögerung aus.)

Kurzfristige und mittelfristige Ziele der Patentstrategie

Wie oben dargestellt braucht Patent- und Innovationsarbeit Zeit. Für das unternehmerische Ziel der Profitablisierung des Patentportfolios sollten daher kurzfristige und mittelfristige Anteile unterschieden werden:

Kurzfristiger Anteil: Zeithorizont 12- 18 Monate

- Ziele: Realisierung von Einsparungen und Aktivierung von Verwertungs-erlösen aus dem Patentportfolio.

In dieser relativ kurzen Zeitspanne wird letztlich über den wirtschaftlichen Erfolg einer neuen Patentstrategie entschieden. Gerade hier kommen die Vorzüge der mittelständischen Unternehmensorganisation voll zum Tragen. Die konsequente Realisierung der Einsparungen macht im Kostenbudget Mittel frei, um die Vergabe von Lizenzen auf nicht benötigte Schutzrechte oder die Vergabe in Branchen, die außerhalb des Wettbewerbs liegen, zu finanzieren.

Mittelfristiger Anteil: Zeithorizont 18-36 Monate

- Ziele: Steigerung der Qualität und der wirtschaftlichen Nutzung des Patentportfolios.

Während der kurzfristige Anteil stark anhand der internen und monetären Perspektive des Unternehmens gestaltet wird, kommen beim mittelfristigen Anteil eher das Wettbewerbsumfeld und die qualitativen Aspekte zum tragen. In diesem Bereich muß auf die Kontinuität und Nachhaltigkeit der Entscheidungen geachtet werden. Wie schon beschrieben, hat ein Patent-portfolio eine große „träge Masse" und kann insofern nicht beliebig schnell umgestaltet werden.

Strategieansätze in der wirtschaftlichen Nutzung von Patenten

Die Strategieansätze für die wirtschaftliche Nutzung von Patenten lassen sich in drei Bereiche einteilen:

- Wettbewerbswirkung
- Finanzmarktnutzen
- Produkt- und Kompetenzschutz

Diese drei Bereiche sind in den nächsten Abschnitten beschrieben. Aus diesen Strategieansätzen lassen sich Anforderungen an ein mittelständi-sches Patentmanagement ableiten. Eine beispielhafte Ausformulierung dieser Anforderungen beschließt dieses Kapitel zu den Wettbewerbsvor-teilen der Patentstrategie.

2.1 Patente im technologischen Wettbewerb

Fragen zur aktuellen Patentstrategie

Patente gelten zu Recht als strategische Waffe im Wettbewerb. In einem Wettbewerb, der vor allem über Innovationen gestaltet und vorangetrieben wird, ist es entscheidend, mit Patenten frühzeitig die wichtigsten technologischen Claims abzustecken – so der Vorstandsvorsitzende eines der größten Technologiekonzerne der Welt, Heinrich v. Pierer, von der Siemens AG.[34] Für Großunternehmen mit ihren Patentabteilungen lässt sich eine umfangreiche Patentstrategie und das zugehörige Patentmanagement mit großem Aufwand umsetzen. Für den Mittelstand steht vor allem der direkte, zeitnahe und betriebswirtschaftliche Nutzen im Vordergrund. Aber auch im Mittelstand gilt, wie es unlängst in dem Journal „Markt und Mittelstand" zu lesen stand: Patente sind Trumpf.[35] Die Strategieempfehlungen sollten in diesem Sinne mittelstandstauglich sein. Um Patente als Werkzeug und Waffe im Wettbewerb nutzen zu können, sollte sich das Unternehmen für eine Überprüfung der Ausgangssituation zunächst die folgenden Fragen stellen:

- **Sind die Patente in die Produktstrategie integriert?**

Wird schon im Vorfeld von F&E, bzw. flankierend zur Produktentwicklung und zu den Marketingmaßnahmen an die notwendigen Patente gedacht? Zum Schutz des eigenen Produkts lassen sich ganze Zäune von Schutzrechten aufbauen (siehe Abschnitt 2.3), um gegen den Wettbewerber als Blockierungs- und Störungspotenzial eingesetzt zu werden. Vor allem die technologischen und regionalen Märkte der Zukunft sollten im Patentportfolio abgebildet sein. Auch in Europa benötigen Schutzrechten im Durchschnitt vier Jahre bis zur Erteilung[36] - in vielen Hochtechnologiebranchen eine kleine Ewigkeit. Es sollten die Produkt- und Anmeldestrategien der Wettbewerber analysiert werden (siehe Abschnitt 2.3). Durch geschickte Ausgestaltung der Schutzrechte können so die zukünftigen Entwicklungslinien vorweggenommen und damit blockiert oder gestört werden.

- **Ist ausreichender Patentschutz bei Markteintritt in hart umkämpften Wettbewerbssituationen vorhanden?**

Immer wieder kommt es vor, dass mittelständische Unternehmen die Wirkung von Verbietungsrechten unterschätzen. Durch konsequente Patentrecherche können Patentverletzungen vermieden werden.[37] Erst wenn das Verletzungspotenzial im angestrebten Markt ausreichend gering ist, sollte agiert werden. Der mögliche finanzielle Schaden durch Patentverletzungen ist nicht zu unterschätzen. Das wohl prominenteste Beispiel ist der US-Konzern Kodak. Hier wurde Ende der 60er Jahre trotz der Kenntnis von Patenten des Erzrivalen Polaroid die verhängnisvolle Entscheidung getroffen, in das Sofortbildgeschäft einzusteigen. Immerhin hatte Polaroid mit gerade mal einem Zehntel des Umsatzes von Kodak 15 Prozent Anteil am Gesamt-US-Kameramarkt mit seinen Sofortbildprodukten. Der extreme Größenunterschied verführte Kodak dazu, im April 1976 selbst Sofortbildkameras und Filme zu vertreiben, die auf der Polaroidtechnologie basierten. Wenige Tage nach dem Verkaufsstart von Kodak zog Polaroid mit einer Patentklage nach. Insgesamt musste Kodak wegen Patentverletzung über 900 Mio. US$ an Polaroid zahlen, eine Fabrik im Wert von 1,5 Mrd. US$ schließen, sowie Filme und Kameras im Wert von über 500 Mio. US$ vom Markt zurückkaufen. Alleine die Anwaltshonorare im über 14 Jahre dauernden Rechtsstreit betrugen mehr als 100 Mio. US$.[38] Auch wenn diese Zahlen gigantische Ausmaße annehmen, so ist die Anzahl der Patentverletzungsprozesse auch hierzulande steigend und die Patentverletzung an wichtigen Produktionsanlagen stellt für ein mittelständisches Unternehmen ein bestandsgefährdendes Risiko dar. Daher werden inzwischen in verschiedenen Entwicklungen oder zum Beispiel in den Business-Plänen für Technologieprojekte entsprechende Rückstellungen gebildet. In der Biotechnologie und Pharmazie müssen für jede neu entwickelte Arznei 8-10 Schutzrechte Dritter berücksichtigt werden. Dabei entfallen 1-10 Prozent der Entwicklungskosten auf Lizenzzahlungen.[39]

- ### Sind mögliche Patentverletzer bekannt und werden sie verfolgt?

Zu einer nachhaltigen Patentstrategie gehört auch die konsequente Durchsetzung der eigenen Verbietungsrechte. Die Durchsetzung der eigenen Positionen im Wettbewerb ist ein entscheidender Baustein, damit sich eine angemessene Marktwirkung des eigenen Patentportfolios einstellt. Gerade mittelständische Unternehmen scheuen davor zurück, ihre Schutzrechte gegen Dritte durchzusetzen. Doch gerade dieser Schritt wird von Branchenteilnehmern besonders genau beobachtet. Erst wenn in einem Technologie- oder Marktbereich bekannt ist, dass bei Schutzrechtsverletzungen durch den Patentinhaber auch konsequent gehandelt wird, werden sich die erwünschten Wettbewerbswirkungen einstellen. Neben den Informationsmöglichkeiten zur konkreten Verletzungssituation[40] bis hin zur Prozessfinanzierung[41] gibt es heute viele Dienstleistungen, die mittelständische Unternehmen bei der Durchsetzung Ihrer Schutzrechte praktisch und finanziell unterstützen.

- ## Werden Patente zur Steigerung der F&E-Effizienz genutzt?

Gerade die immer kürzer werdenden Innovationszyklen erfordern von mittelständischen Unternehmen große Anstrengungen in der Produkt- und Verfahrensentwicklung. Hier ist es besonders wichtig, den internationalen Stand der Technik zu kennen und diese Informationen für die eigenen Lösungen zu nutzen[42]. Die internationale Patentliteratur mit über 37 Mio. Dokumenten und einem jährlichen Zuwachs von inzwischen weltweit über 800.000 Dokumenten stellt hier eine hochwertige Informationsquelle dar.[43] Informationen aus Patenten zeichnen sich gegenüber anderer Literatur durch umfassenden Aussagegehalt und hohe technische Präzision aus. Man kann die Information aus Schutzrechten als eine Art Anleitung zum technischen Handeln verstehen. Dabei sind ca. 90 Prozent der zur Verfügung stehenden Patentliteratur nicht geschützt.[44] So können Doppelentwicklungen vermieden werden, die in der deutschen Wirtschaft jedes Jahr Kosten von ca. 12 Mrd. Euro verursachen (siehe Abschnitt 3.1).[45]

Umsetzung der Patentstrategie

Diese Fragen bilden den Einstieg in die strategische Nutzung von Patenten. Sie beleuchten die verschiedenen Facetten der Nutzung von gewerblichen Schutzrechten als Wirtschaftswaffe im technologischen Wettbewerb. Zusammenfassend lassen sich folgende strategische Komponenten zur Umsetzung von Wettbewerbsvorteilen finden:

- ## Patente bieten einen rechtlich geschützten Marktvorteil

  - *Nutzen Sie die Monopolrechte Ihres Patentportfolios konsequent:* Schützen Sie Ihre Kerntechnologien. Melden Sie die wirklich wettbewerbsrelevanten technologischen Komponenten, Produkte und Produktbereiche, Verfahren sowie ihre Kerntechnologien und Kernkompetenzen an (siehe Abschnitt 2.3). Dabei werden zur Charakterisierung von Kernkompetenztechnologien (KKT) in der Regel fünf Kriterien verwandt:[46]

    - Geschäftsfeldübergreifende Anwendbarkeit: KKT bilden technologische Grundlagen für einen erheblichen Teil der Geschäftsfelder oder Leistungskategorien eines Unternehmens.

    - Hohe wettbewerbsstrategische Relevanz: KKT werden in erheblichem Umfang von Kunden wahrgenommen und leisten einen großen Beitrag zur positiven Differenzierung von anderen Unternehmen.

    - Schwierige Imitierbarkeit: KKT zeichnen sich dadurch aus, dass sie von Konkurrenten eines Unternehmens nur sehr schwer nachgeahmt oder auf diese übertragen werden können.

- Hohe Dauerhaftigkeit: KKT sind nicht an einzelne Unternehmens-
  mitarbeiter bzw. technische Anlagen gebunden. KKT sind personen-
  übergreifendes Technologiewissen, das zumindest zum Teil dokumentiert und gespeichert vorliegt.

- Geringe Substituierbarkeit: KKT sind nur schwer durch andere
  Technologien ersetzbar, da auf absehbare Zeit keine anwendungs-
  reifen alternativen Technologien zur Verfügung stehen.

- *Überwachen Sie ihr Schutzrechtsportfolio:* Analysieren Sie Ihr Patentportfolio regelmäßig und justieren Sie Ihre Anmelde- und Verwertungs-
  strategie. Patentportfolios sind „träge Objekte", sie neigen dazu, sich
  deutlich langsamer als zum Beispiel Produkt- oder Marktstrategien zu
  verändern. Überprüfen Sie daher die Merkmals- und Regionalstruktur
  ihres Patentportfolios in regelmäßigen Abständen und berücksichtigen Sie dabei das Patentportfolio zum Beispiel für eine Region, eine
  Technologie oder einen Produktbereich im Ganzen (siehe Abschnitt
  2.3).

- *Nutzen Sie Patente zur Marktanpassung:* Die Patentportfolios der
  Wettbewerber und der Technologieführer sind zu analysieren und zu
  beobachten. Über die Nutzung von Patentdatenbanken ist eine kontinuierliche Überwachung der Branche und Mitbewerber zum Beispiel
  nach regionalen Aktivitäten oder nach neuen technologischen Lösungen möglich. Durch die aktive Lizenzierung von neuen Technologien
  können die eigenen Entwicklungskosten minimiert werden und die
  Entwicklungszeiten drastisch gesenkt werden (siehe Abschnitt 3.2).

- **Patente steigern die Ertragskraft des Unternehmens**

  - *Erzielen Sie zusätzliche Einkünfte durch die Vergabe von Lizenzen:*
    Patentportfolios werden in der Regel aus dem Gedanken des Schutzes
    gegenüber dem Wettbewerb aufgebaut. Häufig werden technologi-
    sche Komponenten geschützt, die zum einen für Unternehmen außer-
    halb der eigenen Branche interessant sind und zum anderen keinen
    Kernkompetenzbereich des eigenen Unternehmens berühren. Damit
    wird der Weg für eine wettbewerbsneutrale Vergabe von Lizenzen
    frei. Gleichzeitig bietet die Vergabe von Lizenzen auch die Möglich-
    keit, den eigenen technologischen Fortschritt gezielt in die eigenen
    Märkte abzugeben, um zum Beispiel die eigene Lösung als Standard
    zu etablieren. Auch diese wettbewerbsstrukturierende Vergabe von
    Lizenzen bietet erhebliche Erlöspotenziale für mittelständische Unter-
    nehmen (siehe Abschnitt 4).

- *Senken Sie die Kosten für Ihr Patentportfolio:* Patentportfolios neigen als „träge Masse" im Laufe der Zeit dazu, sich unangemessen zu vergrößern. Die Gründe dafür sind vielfältig. Unter anderen verfallen die Unternehmen dazu, sich über die bloße Anzahl der eigenen Schutzrechte gegenüber Dritten als innovativ darzustellen (siehe Patente als Outputgröße des Innovationsprozesses – Abschnitt 1). Auch spielen die häufig aus Gründen der Marktanpassung notwendigen Strategiewechsel in mittelständischen Unternehmen eine wichtige Rolle. Daher ist eine regelmäßige Überprüfung der Gesamtkosten des Patentwesens eine wichtige Aufgabe des Managements. Dabei ist nicht nur auf die internen Kosten durch die eigene Verwaltung der Schutzrechte zu achten, sondern auch auf die externen Kosten für Ämter und Rechtsberatung (siehe Abschnitt 3.4).

- *Ziehen Sie neues Kapital an und steigern Sie den Marktwert Ihres Unternehmens:* Patente werden immer mehr zu wichtigen finanzmarktaktiven Assets. Um in der Mittelstandsfinanzierung für Kapitalgeber von Interesse zu sein, ist es notwendig zu berichten und zu bewerten. Denn wie die Wirtschaftsprüfer sagen: „What can't be measured, can't be managed"[47]. Nur durch ein angemessenes und finanzmarktrelevantes Reporting über die immateriellen Wirtschaftsgüter werden Unternehmen für Eigen- und Fremdkapitalfinanzierung attraktiv.[48] Da die immateriellen Wirtschaftsgüter in technologiegetriebenen Unternehmen einen hohen Wertanteil haben, müssen sich die Unternehmen um eine entsprechende Kommunikation zu den Investoren und Kreditgebern bemühen.[49] Dazu gehören neben Risikoberichten auch Bewertungen des monetären Patentportfoliowertes.[50]

- **Patente erhöhen die Wettbewerbsfähigkeit Ihres Unternehmens**

  - *Integrieren Sie neue Technologien in Fertigung und Produkte:* Durch das Ausnutzen der Technologiepotenziale Dritter können neue Produkteigenschaften oder Fertigungsvorteile realisiert werden. Die Informationen über die technologischen Fertigkeiten finden sich in den Patentdatenbanken. Dort ist über 80 Prozent des weltweiten technischen Wissens transparent und gut aufbereitet recherchierbar (siehe Abschnitt 3.1). Über die Lizenznahme können die technologischen Möglichkeiten anderer Unternehmen klar strukturiert übernommen werden. Insbesondere werden durch die Lizenzierung von Technologie im Unterschied zur aufwändigen Eigenentwicklung hohe F&E-Kosten und Zeit gespart. Gerade die Fähigkeit, schnell mit kundenorientierten Produkten am Markt präsent zu sein, ist einer der wichtigsten Wettbewerbsvorteile des Mittelstandes (siehe Abschnitt 3.5).

- *Reduzieren Sie Ihre strategischen Risiken in Entwicklung und Produktion:* Durch regelmäßige Recherchen in der Patentliteratur kann das Risiko in der eigenen Entwicklungsarbeit in die Schutzrechtsbereiche von Wettbewerbsportfolios zu gelangen erheblich verringert werden. Damit wird das Risiko für Doppelentwicklungen stark reduziert und das Innovationspotenzial der vorhandenen Ideen des Wettbewerbs optimal genutzt (siehe Abschnitt 3.1). Darüber hinaus muss vor allem bei der Einführung neuer Verfahren und Produkte überprüft werden, ob Schutzrechte Dritter verletzt werden. Je früher im Entwicklungsprozess diese „freedom to operate" - Überprüfungen stattfinden, desto besser, da hier Änderungen noch relativ kostengünstig realisiert werden können. Gleichzeitig ist es wichtig, diese Überprüfungen regelmäßig am aktuellen Stand der Entwicklung durchzuführen, um bei der Produkteinführung keine bösen Überraschungen in Form von Patentverletzungsklagen zu erleben.

2.2   Finanzmarktnutzen von Patenten

Neben diesen direkten Wettbewerbswirkungen kommt den Patenten zunehmend auch ein Nutzen im Rahmen der Unternehmensfinanzierung zu.[51] Als wichtigster Punkt ist die Erzielung eigener Erlöse aus der Vergabe von Lizenzen auf eigene Schutzrechte zu nennen. Der wesentliche Aspekt ist dabei der Charakter der Lizenzvergabe. Gerade für mittelständische Unternehmen ist die wettbewerbsneutrale Lizenzvergabe von erheblicher Bedeutung. Das heißt, es wird eine vorhandene technische Lösung in neue, nicht vom Lizenzgeber selbst bearbeitete Märkte lizensiert. Da gerade gute Schutzrechte so aufgebaut sind, dass sie nicht nur ein konkretes Produkt schützen, sondern breitere Ansprüche aufweisen, wird das gesamte Technologiepotenzial des Unternehmens ausgeschöpft.

Da den Lizenzerträgen im Verhältnis nur sehr geringe Aufwendungen entgegenstehen, lässt sich so das Jahresergebnis des Lizenzgebers erheblich verbessern. Wenn gleichzeitig Kosteneinsparungen für nicht genutzte und nicht marktfähige Schutzrechte ausgenutzt werden, um die Vorlaufkosten einer aktiven Lizenzpolitik zu kompensieren, werden die Bilanzrelationen noch besser. Gerade die technologisch breite Verwertung der Patente führt zu einem schnelleren Eintreten des gewünschten Return-on-Investment in die Entwicklungsaktivitäten.[52]

Darüber hinaus sind inzwischen auf der Basis von Schutzrechten auch alternative Finanzierungsformen, zum Beispiel auf Eigenkapitalbasis üblich. Es können die Gewinn- und Verlustrechnung belastenden F&E-Aufwendungen sinnvoll aktiviert werden und die Unternehmensbilanz deutlich verbessern.[53] Dazu werden die Schutzrechte aus dem Unternehmen herausgelöst und in eine eigene Objektgesellschaft eingelegt, die nur zum Zwecke des Haltens dieser Patente existiert. Private Kapitalgeber oder Fonds-Gesellschaften erwerben daran zeitlich befristete Nutzungsrechte, die sie über die Laufzeit voll abschreiben können. Hierfür wird dem Unternehmen unmittelbar Kapital zum Beispiel für eine Produktentwicklung zur Verfügung gestellt. Das Unternehmen erhält weiter Lizenzrechte und kann damit die Schutzrechte analog der Situation ohne Objektgesellschaft nutzen. Dafür zahlt es an den Kapitalgeber fortlaufende Lizenzgebühren. Diese sind für das Unternehmen aus steuerlichen Gründen häufig sinnvoller zu verbuchen als üblicherweise Zinszahlungen für Fremdkapital. Der private Investor kann hiermit über dem Kapitalmarkt liegende Renditen erzielen. Er profitiert darüber hinaus vom steigenden Unternehmenswert, den die Umsetzung der Patente in bestimmte Produkte schließlich bewirken soll. Nach Ablauf des vorher vereinbarten Zeitraums von zum Beispiel fünf Jahren für die Nutzung des Kapitals durch die Produktionsgesellschaft wird die Konstruktion wieder zurückgeführt oder eine weitere Finanzierung angeschlossen.[54]

Auch die klassische Finanzierungsform des deutschen Mittelstandes über den Bankkredit ändert sich dramatisch. „Kredite von der Stange gibt es nicht mehr, sie dienen auch dem Kunden von heute nicht – jede Bank ist im Firmenkundengeschäft darauf angewiesen, mit den Kunden zusammenzuarbeiten, die Erfolg versprechende Geschäftsvorhaben planen und eine entsprechende Bonität mitbringen"[55], brachte schon im Jahre 2000 der Bundesverband der Deutschen Banken die Situation auf den Punkt. Gerade vor dem Hintergrund der sich verändernden Eigenkapitalrichtlinien der Banken – Stichwort Basel II – spielt diese Möglichkeit der Ausweisung von Innovationskraft in der Bilanz ein wichtige Rolle.[56] Oder wie es Karl-Heinz Maul, Wirtschaftsprüfer und Markenexperte bei der Wirtschaftsprüfungsgesellschaft PriceWaterhouseCoopers ausdrückt: „Künftig werden Patente auch bei der Kreditvergabe eine wichtigere Rolle spielen. Die neuen Rating-Kriterien der Institute berücksichtigen künftig stärker das Zukunftspotenzial eines Unternehmens, die Innovationshöhe der Produktpalette und die Nischensicherheit des Kreditnehmers; alles Faktoren, die von der Schutzrechtsposition der Firma abhängen"[57].

Auf diese Situation haben sowohl die öffentlichen Banken wie auch die privaten Geschäftsbanken bereits mit einer Ausbildungsoffensive reagiert. Über die Servicegesellschaft des Bundesverbandes der öffentlichen Banken[58], über die Bankakademie[59] in Frankfurt und über die Hochschule für Bankwirtschaft werden inzwischen Bankmitarbeiter im Umgang mit den gewerblichen Schutzrechten geschult. Dies hat zur Folge, dass sowohl bei den Marktbetreuern, bei den Risikoanalysten als auch bei der internen

Revision ausreichend fachliches Know-how zur Verfügung steht, um gerade das mittelständische Klientel mit seinen immateriellen Werten in Form von Patenten geeignet zu betreuen.

Auch außerhalb des Kreditgeschäfts haben die Banken und der Kapitalmarkt das Geschäftspotenzial erkannt und setzen es in verschiedenen Konzepten um.[60] Die Deutsche Bank beschreibt in ihrer Broschüre über gewerbliche Schutzrechte als Erfolgsfaktor das geistige Eigentum eines Unternehmens sogar als sein kostbarstes Kapital.[61] Die Commerzbank geht noch einen Schritt weiter und bietet sogar Leasing-Möglichkeiten für die immateriellen Wirtschaftsgüter der Unternehmen an.[62] Auch die Deutsche Industriebank IKB bietet neue Lösungen für die Finanzierung von Technologie-projekten zum Beispiel in der Automobilindustrie an, um dem spezifischen Bedarf nach einer finanzwirtschaftlichen Behandlung von immateriellen Wirtschaftsgütern gerecht zu werden.

Aus Bankensicht bieten sich durch gewerbliche Schutzrechte verschiedene Potenziale für das zukünftige Finanzierungsgeschäft. Patente sind für Banken:

- **Sicherheitenindikator**

  Falls in einem Unternehmen Schutzrechte vorhanden sind, können diese unter anderem auch als Sicherheit dienen. Häufig werden Patente gemeinsam mit anderen Sicherheiten betrachtet, um ein möglichst werthaltiges Asset zu bilden. Es werden zum Beispiel Maschinen oder Anlagen mit den zugehörigen Verfahrenspatenten bewertet.

- **Risikoindikator**

  Für Banken ist die Fähigkeit eines Unternehmens wichtig, seinen Kapitaldienst zu leisten. Dabei sind Patentverletzungen von Schutzrechten Dritter mit ihren regelmäßig erheblichen finanziellen Auswirkungen von Bedeutung. So kann zum Beispiel der Produktionsstop eines wichtigen Produktes eine existenzielle Bedrohung für den Kreditnehmer darstellen.

- **Materielle Wertoption**

  Eine besondere Schwierigkeit im Umgang mit Patenten und Technologien besteht für Banken darin, dass sich diese in der Regel nicht in der Bilanz wiederfinden. Die Werthaltigkeit von Schutzrechten (als immaterielle Vermögenswerte) wird durch bestehende Rechnungslegungsvorschriften nur eingeschränkt berücksichtigt. Nach HGB sind Aufwendungen für F&E nicht aktivierbar. Für selbsterstellte (originäre) immaterielle Vermögens-gegenstände (zum Beispiel Patente) besteht grundsätzlich ein Aktivierungsverbot. Es werden lediglich erworbene (derivative) immaterielle Werte aktiviert. Bei einer Rechnungslegung nach dem International Accounting Standard (IAS) wird immateriellen Werten grundsätzlich mehr Bedeutung beigemessen, aber auch hier gibt es Beschränkungen. Da ab 2005 auch nicht börsennotierte Unternehmen nach IAS bilanzieren dürfen ist mit einer weiteren Ausweitung dieser Rechnungslegung zu rechnen. In der Literatur zu diesem Thema ist der Trend schon vorweggenommen; ca. 90 Prozent der Aufsätze beschäftigt sich mit den IAS-Themen. Damit sind aus Bankensicht die Patente zunächst einer Bewertung zuzuführen, um als materieller Wert dargestellt werden zu können.

Nicht zu vernachlässigen ist auch die Bedeutung von Schutzrechten als Kreuzlizenz- und M&A-Währung. Das schon erwähnte Beispiel der Amati Communications läßt erahnen, wie hoch exklusiv geschützte Technologien und Marktzugänge von Investoren geschätzt werden. Da der Anteil der immateriellen Wirtschaftsgüter am gesamten Unternehmenswert inzwischen durchschnittlich auf über 50 Prozent gestiegen ist[63], weckt er bei Investoren besondere Begehrlichkeiten. Hier ist es besonders wichtig, auf transparente und nachvollziehbare Bewertungen das Patentbestandes zugreifen zu können.[64] Nur so kann zum Beispiel im Laufe von Beteiligungsverhandlungen auch ein guter und fairer Kaufpreis erzielt werden.

Auch bei Lizenzverhandlungen mit anderen, wirtschaftlich oft potenteren Unternehmen haben sich vorhandene Schutzrechte als gutes Faustpfand erwiesen. Denn nur wer im Gegenzug eigene attraktive Patente zur Nutzung anbieten kann, ist ein Partner für sogenannte Kreuzlizenzen. Dabei wird unter der regelmäßigen Vereinbarung einer Ausgleichszahlung die gegenseitige Nutzung der jeweiligen Schutzrechtsportfolios zwischen zwei Unternehmen geregelt. Häufig ein eleganter Weg für mittelständische Unternehmen, teure Lizenzzahlungen an Konzerne zu umgehen. Auch hier ist die Grundlage einer solchen Verhandlung eine substantielle und transparente Bewertung der jeweiligen Schutzrechtsportfolios.

Aus Unternehmenssicht bieten sich mit gewerblichen Schutzrechten folgende Potenziale für das zukünftige Finanzierungsgeschäft:

• **Risikoeinschätzung**

Durch die Darstellung von entsprechenden Maßnahmen und Vorgehensweisen im Unternehmen können gegenüber Kapitalgebern die Risikoeinschätzungen verbessert werden. Zu solchen Managementmaßnahmen gehören zum Beispiel eine kontinuierliche Wettbewerbsüberwachung, eine regelmäßige Überprüfung auf mögliche Patentverletzung sowie ein funktionierendes Patentmanagement (siehe Abschnitt 3).

- **Zukunftsfähigkeit**

Wie schon dargestellt benötigt der Aufbau eines wirtschaftlich relevanten Patentbestandes Zeit und ausreichenden finanziellen Einsatz. Gleichzeitig stellt aber ein solcher, an wirtschaftlichen Kriterien orientierter, Patentbestand einen wesentlichen Nachweis für die Zukunftsfähigkeit des Unternehmens dar. Da die wirtschaftliche Umsetzung von Innovationen durchschnittlich erst mit drei bis fünf Jahren Verzug eintritt und Schutzrechte durchschnittlich acht Jahre aufrecht erhalten bleiben, ist ein gutes Patentportfolio für Kapitalgeber ein guter technologieorientierter Zukunftsindikator.

- **Wettbewerbsfähigkeit**

Im internationalen technologischen Wettbewerb spielen Patente eine immer größere Rolle. Über 40 Prozent des weltweiten Wirtschaftswachstums seit dem 2. Weltkrieg sind eine direkte Folge des technologischen Fortschrittes.[65] Über Patentlizenzen wird der Technologiezugang in ganzen Branchen wie zum Beispiel in der Biotechnologie durch die PCR-Schutzrechte von Hoffmann La Roche geregelt.[66] Das Durchsetzen im Wettbewerb der Technologien wird heute über Schutzrechte und deren Lizenzierung geleistet. Damit ist ein gutes Patentportfolio für Kapitalgeber ein hervorragender Indikator für die Wettbewerbsfähigkeit eines Unternehmens.

- **Managementkompetenzen**

Zur Erlangung und Aufrechterhaltung eines wirtschaftlich wertvollen Patenportfolios sind ausreichende Managementkompetenzen erforderlich. Die im dritten Abschnitt dargestellten Komponenten des Patentmanagements müssen im mittelständischen Unternehmen konsequent und angemessen umgesetzt werden. Gerade die Profitablisierung des Patentbestandes (siehe Abschnitt 4) stellt dabei eine besondere Herausforderung dar. Sind auf diesem Wege sowohl die strategischen Überlegungen und Planungen vorhanden und die operativen Voraussetzungen zur Umsetzung geschaffen, gibt dies dem Kapitalgeber einen guten Hinweis auf die im Unternehmen vorhandene Kompetenz des Managements im Umgang mit dem wichtigsten Kapitalanteil: Den durch Patente geschützten Wettbewerbsvorteilen.

Zusammenfassend läßt sich der Finanzmarktnutzen von Patenten wie folgt darstellen:

- **Erzielung von Einnahmen durch Vergabe von Lizenzen**
- **Steigerung des Jahresergebnisses**
- **Verbesserung des ROI der Entwicklungsaufwendungen**
- **Zugang zu alternativen Finanzierungsformen**
- **M&A-Währung für Beteiligungen oder Joint Ventures**

2.3 Produkt- und Kompetenzschutz

Neben Strategieansätzen der Patentnutzung zur Wettbewerbswirkung und zur Nutzung im Finanzmarkt spielen Schutzrechte in der mittelständischen Praxis zum Produkt- und Kompetenzschutz eine entscheidende Rolle. Auch bei diesem Strategieansatz ist die nachhaltige Realisierung der Wettbewerbsvorteile wichtig. Der Markt und das Patentportfolio entwickeln sich mit unterschiedlichen Geschwindigkeiten. Die Marktgegebenheiten und die technologischen Möglichkeiten ändern sich mit einer anderen Zeitskala, als der unternehmerische Patentbestand aufgebaut und gepflegt werden kann. Dies erfordert regelmäßige Überprüfungen und Nachjustierung der Ausrichtungen von Marktgegebenheiten, Technologie und Patentportfolio.

Um den Produkt- und Kompetenzschutz als Patentstrategie konsequent umzusetzen, ist es notwendig, die zentralen technologischen Vorteile im Schutzrechtsportfolio zu hinterlegen. Dazu dienen folgende Vorgehensweisen:

• **Patentmapping**

Unter dieser Vorgehensweise wird die Zuordnung von Schutzrechten zu verschiedenen geschäftsrelevanten Objekten des Unternehmens verstanden.[67] Durch diese Zuordnung kann die Patentstrategie nach Zielvorgaben abgeleitet werden. Die Objekte können dabei Geschäftseinheiten, Produktbereiche, Produkte, Regionen, Module oder Ähnliches sein.[68] Die Zielvorgaben können zum Beispiel das Erreichen bestimmter Abdeckungen von Merkmalen in Produktbereichen oder die Abdeckung von bestimmten Regionen für verschiedene Produkte sein.

• **Wettbewerberanalyse**

Die Wettbewerberanalyse in der Patentstrategie hat zwei Dimensionen. Zum einen ist die Analyse der Patentliteratur und Patentstrategie des Wettbewerbs damit gemeint.[69] Dazu werden in Abschnitt 3.1 die leistungsfähigen Werkzeuge der Patentdatenbanken dargestellt.[70] Zum anderen ist die Analyse von Wettbewerbsprodukten in Bezug auf die eigene Schutzrechtesituation gemeint.

• **Kerntechnologieanalyse**

Gerade mittelständische Unternehmen sind sich nicht immer voll ihrer Kerntechnologie und der damit verbundenen Kompetenzen bewusst. Im wesentlichen sind dies Technologien die wie schon beschrieben über folgenden Eigenschaften verfügen:

• geschäftsübergreifende Anwendbarkeit,

• hohe wettbewerbsstrategische Bedeutung,

- schwierige Imitierbarkeit,

- hohe Dauerhaftigkeit,

- geringe Substituierbarkeit.

Die Kernkompetenztechnologien haben also eine entscheidende Bedeutung im technologischen Wettbewerb. Durch den Aufbau eines gezielten und nachhaltigen Patentschutzes für diese Kompetenzen wird der Wettbewerbsvorteil gestärkt.

- **Leistungsschutz**

Kennzeichen der strategischen Patentarbeit ist der gezielte Schutz von spezifischen Leistungsmerkmalen in den Produkten. Für eine innovative Technologie mit einer relevanten Marktbedeutung ist schon nach drei bis vier Jahren mit einer Immitation durch den Wettbewerb zu rechnen.[71] Je höher die Marktrelevanz zum Beispiel aufgrund der Kundenwahrnehmung desto wichtiger der Patentschutz dieser Leistungsmerkmale. So konnte sich das VHS-System der japanischen Matsushita-Gruppe (bestehend aus Panasonic, Technics und JVC) gegen das bei wichtigen Leistungsmerkmalen überlegene Video 2000 von Phillips / Grundig durchsetzen, weil Matsushita eine gezielte Lizenzpolitik betrieb, die zur raschen Durchsetzung dieses Standards beitrug.[72] Gleichzeitig ist eine Abwägung zu treffen zwischen dem angestrebten Schutzumfang (und somit dem wirtschaftlichen Wert des einmal erteilten Patents) und der Wahrscheinlichkeit, eine entsprechende Anmeldung im Prüfungsverfahren und in möglichen nachfolgenden Rechtsstreitigkeiten aufrecht erhalten zu können.[73]

- **Differenzierungsschutz**

Technologische Produkte unterscheiden sich heute häufig nur noch durch sehr wenige Eigenschaften voneinander. Da Technologien häufig auf Plattformen aufsetzen wie zum Beispiel in der Kommunikationstechnik, der Lasertechnik oder in der Automobiltechnik, bietet sich für innovative Unternehmen nur in kleineren Ausprägungen die Möglichkeit der Differenzierung zwischen den Wettbewerbern. Gerade in einer Zuliefersituation, wie sie für mittelständische Unternehmen häufig anzutreffen ist, spielt der Kostendruck eine große Rolle. Die durch den Kostendruck geschaffenen Innovationen dienen der Differenzierung zu anderen Anbietern und sollten gezielt patentiert werden. Nur so kann die Stellung gegenüber dem wirtschaftlich häufig sehr viel potenteren Abnehmer noch ausreichend flexibel und vorteilhaft gestaltet werden.

Für die Umsetzung dieser Strategien stehen im Wesentlichen zwei Werkzeuge zur Verfügung. Zum einen findet im Rahmen der Portfoliostrukturierung eine Zuordnung von Schutzrechten nach verschiedenen Kriterien zu geschäftsrelevanten Objekten statt.[74] Zum anderen wird im Rahmen der Minenfeldanalyse nach dieser Zuordnung die Bedeutung der Schutzrechte für die geschäftsrelevanten Objekte untersucht. Damit besteht die Grundlage für die Umsetzung der oben aufgezeigten Strategieansätze zum Produkt- und Kompetenzschutz.

Strukturierung von Patentportfolios

Die Strukturierung von Patentportfolios erfolgt in mehreren Schritten. Zunächst muss der Einteilungsbezug definiert werden. Häufig wird in einer ersten Analyse der Patentbestand zu einzelnen Produkten bzw. Produktbereichen zugeordnet. Schutzrechte mit direktem Produktbezug, zum Beispiel für verschiedene Leistungsbestandteile der Produkte können dabei zugeordnet werden (Bild 2).

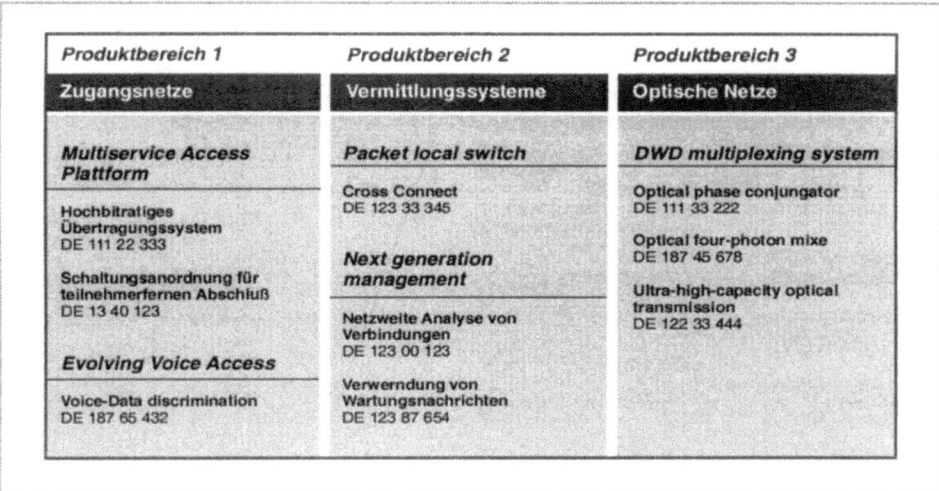

Bild 2: Strukturierung des Patentbestandes in Produktbereiche und Produkte. Quelle: PATEV GmbH & Co. KG, München • Karlsruhe • Bonn. © 2004.

Diese produktorientierte Zuordnung wird jedoch dem technologischen Charakter vieler Schutzrechte nicht ausreichend gerecht. In diesen Patenten werden nicht einzelne konkrete Produkteigenschaften dargestellt, sondern übergreifende technologische Lösungen. Häufig handelt es sich dabei um Verfahren und diese wirken sich in der betrieblichen Wertschöpfungskette auf mehrere Produkte aus. Verfahren können in verschiedene Gruppen zum Beispiel bezüglich ihres Anwendungscharakters eingeteilt werden. Durch eine Gegenüberstellung dieser Verfahrensgruppen mit den produktorientierten Schutzrechtsgruppen lässt sich die Abhängigkeit dieser beiden Technologiebereiche gut darstellen (Bild 3).

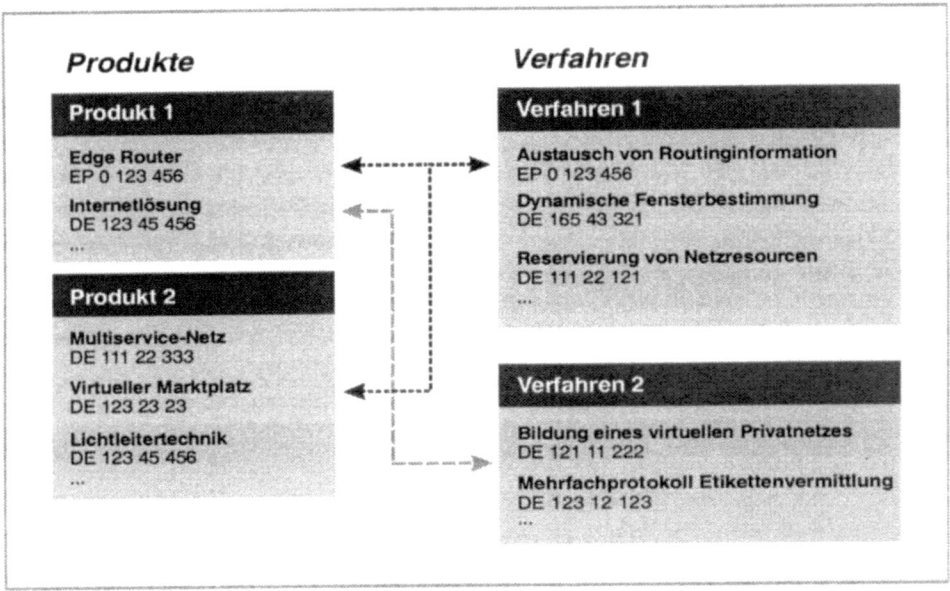

Bild 3: Strukturierung des Patentbestandes nach Produkten und Verfahren. Durch die Kennzeichnung der Zusammenhänge werden die technologischen Abhängigkeiten innerhalb des Patentbestandes deutlich. Quelle: PATEV GmbH & Co. KG, München • Karlsruhe • Bonn. © 2004.

Als drittes Strukturierungsmerkmal können die Kernkompetenztechnologien dienen. Dabei wird das Patentportfolio zunächst in Technologiegruppen eingeteilt. Jede Technologiegruppe sollte dabei einen in sich geschlossenen und möglichst homogenen technischen Bereich darstellen. Die nächsten Strukturierungsebenen stellen Technologiebereiche und Technologiefelder dar. Der Grundgedanke bei dieser Einteilung ist die mit jeder größer werdenden Einteilungshierarchie abnehmende technische Abhängigkeit der Bereiche untereinander. Damit erreicht man zunächst eine Abbildung der technologischen Kompetenzen wie sie im Patentportfolio hinterlegt sind. Diese Kompetenzen müssen mit den Kernkompetenzen aus der Kerntechnologieanalyse abgeglichen werden. Daraus können Kernbereiche und Randbereiche heraus differenziert werden (siehe Bild 4).

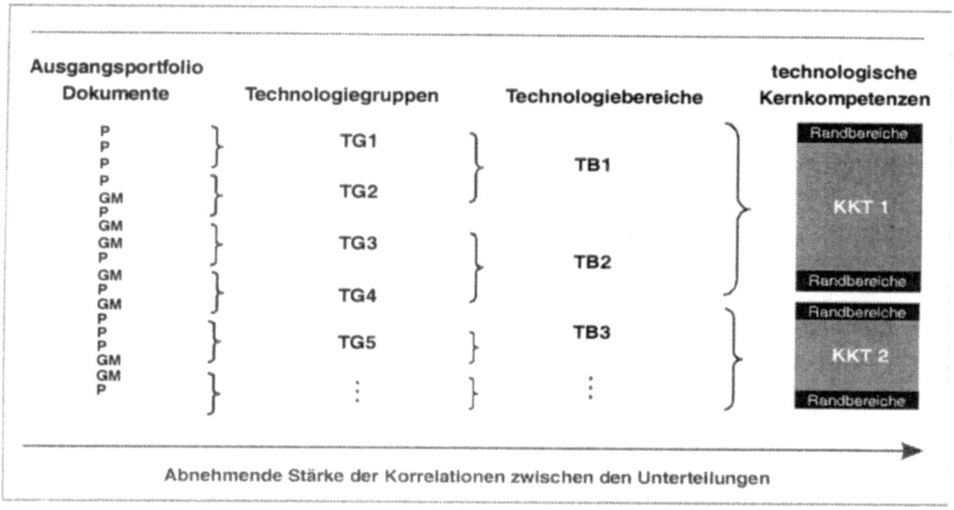

Ausgangsportfolio Dokumente	Technologiegruppen	Technologiebereiche	technologische Kernkompetenzen
P P P P GM P GM GM P GM P GM P P P GM GM P	TG1 TG2 TG3 TG4 TG5 ⋮	TB1 TB2 TB3 ⋮	Randbereiche KKT 1 Randbereiche Randbereiche KKT 2 Randbereiche

Abnehmende Stärke der Korrelationen zwischen den Unterteilungen

Bild 4: Strukturierung des Patentbestandes in Kernkompetenztechnologien. Die Abhängigkeiten zwischen den einzelnen Stukturelementen nehmen über die Technologiegruppen und Technologiebereiche hinweg ab. Ziel dieser Strukturierung ist die Identifikation möglichst unabhängiger Kerkompetenzbereiche und deren Randbereiche. Quelle: PATEV GmbH & Co. KG, München • Karlsruhe • Bonn. © 2004.

Mit der Einteilung des Gesamtpatentbestandes in diese drei Stukturierungs-merkmale wird die inhaltliche Aufbereitung des Patentportfolios erreicht. Durch die konsequente Zuordnung der Schutzrechte in die Bereiche:

- **Produkte,**
- **Technologien und**
- **Kernkompetenzen**

wird das Patentportfolio transparent und für die Strategie- und Management-ansätze zugänglich (siehe Bild 5). Insbesondere ist diese Vorgehensweise gerade für das mittelständische Patentmanagement von Vorteil. Denn dieser Zugang ermöglicht auf den verschiedenen Ebenen eine gegebenenfalls notwendige Feinabstimmung bzw. Anpassung der Betrachtungstiefe. Bei einem Schutzrechtsbestand von mehreren Dutzend Patenten wird man eine sehr viel genauere Betrachtungstiefe für das einzelne Schutzrecht verwen-den als bei einem industriellen Bestand von mehreren hundert Schutz-rechten. Gleichzeitig lässt sich aber die einheitliche Systematik mit allen Vorteilen erhalten.

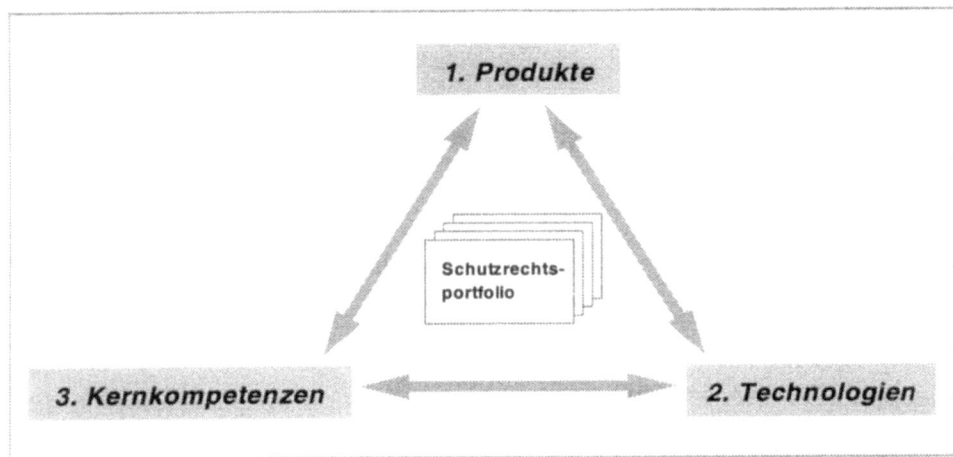

Bild 5: Patentbestände können entlang der Dimensionen Produkte, Technologien und Kernkompetenzen strukturiert werden. Diese drei Dimensionen korrespondieren untereinander über die betriebliche Nutzung des zugrundeliegenden Know-hows. Quelle: PATEV GmbH & Co. KG, München • Karlsruhe • Bonn. © 2004.

Neben den oben genannten Merkmalen, die sich an der betrieblichen Nutzung der Schutzrechte zur Strukturierung orientieren, können noch andere Merkmale mit wirtschaftlicher Bedeutung verwendet werden. Dabei sind besonders so genannte Vorrats- und Sperrpatente zu nennen. Es handelt sich dabei um Schutzrechte, die im Falle von Vorratspatenten keine aktuelle Nutzung im Betrieb erfahren, aber dennoch bewusst aufrechterhalten werden, um für eine mögliche zukünftige Nutzung zur Verfügung zu stehen. Solche Schutzrechte müssen nach den strategischen Planungen des Unternehmens, den geschäftsrelevanten Objekten wie zum Beispiel den Geschäftsbereichen, der potenziellen Nutzung oder möglichen produktorientierten Zukunftsprojekten zugeordnet werden. Im Falle der Sperrpatente handelt es sich ebenfalls um nicht aktiv durch das Unternehmen umgesetzte Schutzrechte, die allerdings eine wettbewerbsorientierte Wirkung haben. Sie stören oder behindern den Wettbewerb bei der Nutzung einer kompetitiven Technologie für eine attraktive Umgehungslösung. Solche Schutzrechte sind im obigen Sinne den verschiedenen Märkten und den dort relevanten Produkten bzw. Dienstleistungen zuzuordnen.

Minenfeldanalyse für Patentportfolios

Nach der Zuordnung des Schutzrechtsbestandes zu den einzelnen geschäftsrelevanten Objekten wird deren Relevanz für diese Objekte analysiert und
dargestellt. Dabei ist in der Regel weniger das einzelne patentrechtliche
Detail dieser Analyse wichtig, als vielmehr der managementrelevante Überblick über die Gesamtsituation. Nicht selten handelt es sich bei den geschäftsrelevanten Objekten um komplexe Produkte, Verfahren oder komplette
kundenspezifische technische Lösungen auf die sich dutzende Einzelschutz-
rechte beziehen. Hier tut Übersicht Not.

Auch die Relevanzanalyse eines Patentportfolios wird in mehreren Schritten
durchgeführt. Am Anfang steht die Zuordnung der Schutzrechte zu den
jeweiligen Produktbereichen. Dabei werden in der Regel die Merkmale der
Schutzrechte verwendet, um die in Frage stehenden Produktbereiche zu
identifizieren. Diese werden dann, am Besten in konstruktiven Darstellun-
gen der Produkte, gekennzeichnet (siehe Bild 6).

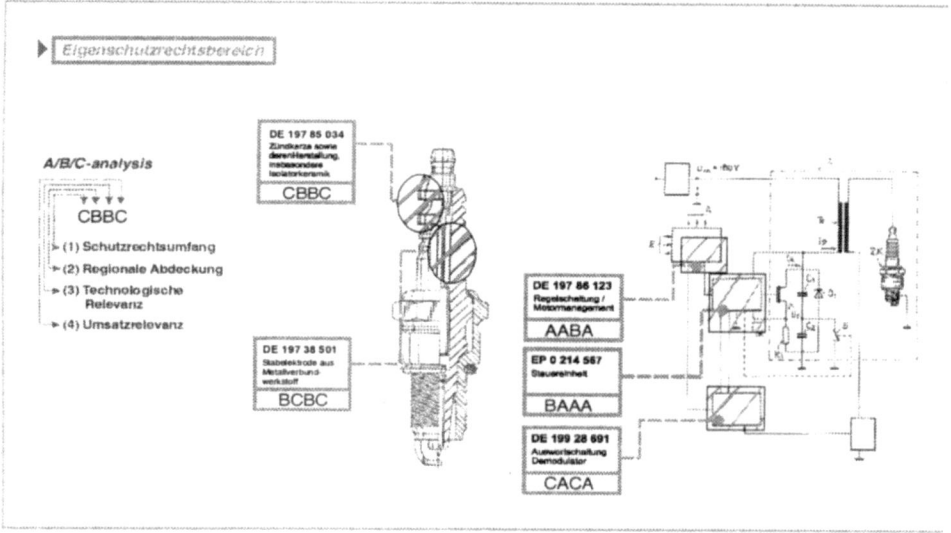

Bild 6: Zuordnung der Schutzrechte zu den Produktlösungen. Die Schutzrechte werden im Rahmen der Relevanzanalyse nach verschiedenen Kriterien (1) – (4) in jeweils drei Stufen (A)/(B)/(C) bewertet.
Dargestellt ist der Eigenschutzrechtsbereich des Unternehmens.
Quelle: PATEV GmbH & Co. KG, München • Karlsruhe • Bonn.
© 2004.

Im nächsten Schritt werden die eigenen Schutzrechte mit verschiedenen Kennziffern versehen. Häufig werden dazu vier Kriterienklassen verwendet:

- Schutzrechtsumfang,
- regionale Abdeckung,
- technologische Relevanz und
- Umsatzrelevanz.

Unter dem Schutzrechtsumfang kann man zum Beispiel die Art bzw. den Rechtsstand eines Schutzrechts verstehen. Also ob es sich um ein Gebrauchsmuster, ein deutsches oder ein europäisches Schutzrecht handelt bzw. ob es sich um eine Patentanmeldung, ein erteiltes Patent oder um ein Patent mit überstandenem Einspruch oder nach einer Nichtigkeitsklage handelt. Bei der regionalen Abdeckung wird man darauf achten, ob das Schutzrecht in für die Unternehmensstrategie wirtschaftlich bedeutenden Ländern angemeldet, erteilt bzw. in Kraft ist. Unter der technologischen Relevanz kann man die Bedeutung der technischen Lösung für die Funktionalität bzw. die Leistungsfähigkeit des Gesamtprodukts verstehen. Als viertes Kriterium empfiehlt es sich, sofern es sich um aktiv durch das Unternehmen genutzte Schutzrechte handelt, den Bezug zu aktuellen Umsatzzahlen bzw. deren zukünftige Erwartung herzustellen. Hier lassen sich auch andere Kriterien zur Bewertung finden, die den Wert einzelner Schutzrechte widerspiegeln.[75] Das Bewertungssystem sollte eng an der mit dem Werkzeug zu bearbeitenden strategischen Fragestellung ausgestaltet werden.

Jedes dieser Merkmale kann mit einem unternehmens- oder analysespezifischen Katalog von Eigenschaften hinterlegt werden sowie mit Grenzen für die Bewertungseinteilung bzw. Bewertungsstufen. Neben Bewertungen durch Punkte empfehlen sich möglichst übersichtliche Einschätzungen wie zum Beispiel eine A/B/C-Analyse mit nur drei Bewertungsstufen (siehe Bild 6). So wird auch bei komplexen Bewertungssitutation die Übersichtlichkeit gewahrt.

Ergänzend zu diesen unternehmensbezogenen Analysen sollten für ein möglichst umfassendes Bild der Minenfeldanalyse auch noch die Schutzrechte der wichtigsten Wettbewerber mit in der Darstellung berücksichtigt werden. Damit erlaubt diese Darstellung die Ableitung von Maßnahmen zur Sicherstellung und Umsetzung eines ganzheitlichen Patentmanagements (siehe Bild 7).

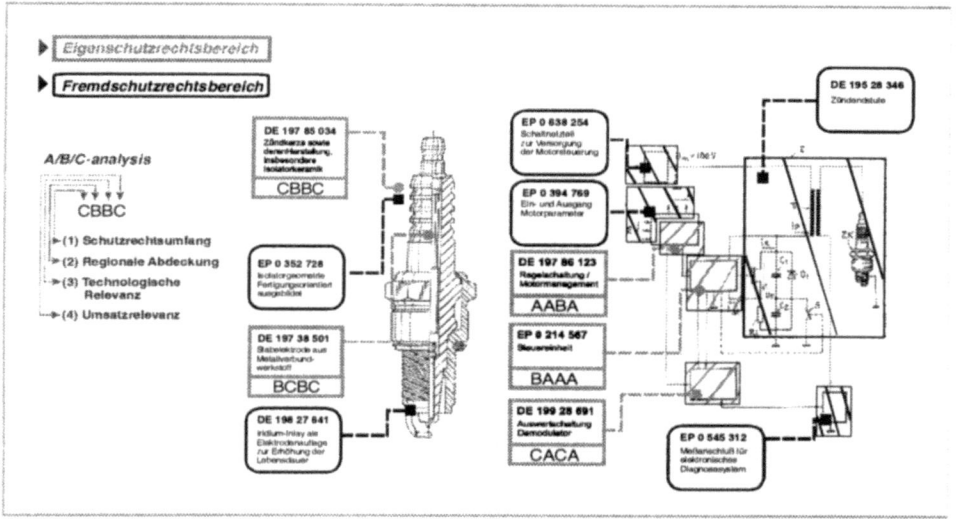

Bild 7: Zuordnung der Schutzrechte zu den Produktlösungen. Die Schutzrechte werden im Rahmen der Relevanzanalyse nach verschiedenen Kriterien (1) – (4) in jeweils drei Stufen (A)/(B)/(C) bewertet.
Dargestellt ist der Eigen- und Fremdschutzrechtsbereich des Unternehmens. Quelle: PATEV GmbH & Co. KG, München • Karlsruhe •
Bonn. © 2004.

Mit Hilfe der Minenfeldanalyse lassen sich wichtige patentstrategische
Anforderungen an wirtschaftlich wertvolle Patentportfolios umsetzen. Im
Wesentlichen leistet dieses Werkzeug:

- die Identifikation von strategisch bedeutsamen Patenten;

- die Analyse der Stoßrichtungen der Wettbewerber;

- die Identifikation von technologischen Clustern, also systematisch von
einer Firma bearbeitete und patentierte Bereiche;

- die Analyse der relativen Stellung der Patente zueinander.

2.4 Anforderungen an das Patentmanagement

Ziele des mittelständischen Patentmanagements

Um die dargestellten Patentstrategieansätze für mittelständische Technologieunternehmen in der täglichen betrieblichen Praxis erfolgreich umzusetzen, wird ein effizientes Patentmangement benötigt. Das Patentmanagement ist dabei in der Praxis durch drei charakteristische Zielkomponenten gekennzeichnet.[76] Dies sind erstens defensive Ziele beim Aufbau eines Patentbestandes zum Schutz des eigenen technologischen Vorsprungs. Darüber hinaus gibt es zweitens kostenorientierte Ziele zur Einsparung und Fokussierung der Patentbudgets. Daraus ergeben sich drittens die Cost-Center-Ziele. In der Regel schließen sich an diese Zielbereiche die Ziele eines Profit-Centers an. Dabei spielen die Möglichkeiten der Vergabe von Lizenzen und der Verkauf von Schutzrechten die zentrale Rolle (siehe Bild 8).

- **Ziele des defensiven Patentmanagements**
  - Aufbau eines Patentbestandes;
  - Sicherung der Wettbewerbsvorteile durch das Patentportfolio;
  - Aufbau von betrieblichen Prozessen zur Erweiterung des Patentbestandes;
  - nachhaltige Betreuung und Verteidigung des Schutzrechtsbestandes.

- **Ziele des kostenorientierten Patentmanagements**
  - Reduzierung der patentkorrelierenden Kosten (direkte und indirekte Kosten);
  - Fokussierung des Patentbudgets auf die geschäftsrelevante Patentierung.

- **Ziele des erlösorientierten Patentmanagements**
  - Erzielung von Erlösen aus dem Patentportfolio;
  - Vergabe von Lizenzen außerhalb des eigenen Wettbewerbsumfeldes;
  - taktische Aktivierung von Lizenzvergaben im Wettbewerb.

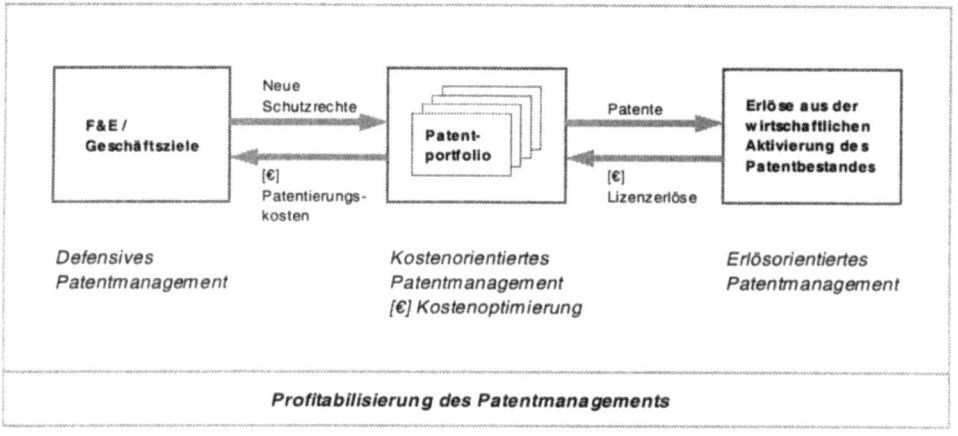

Bild 8:   Ziele und Prozesse des mittelständischen Patentmanagements. Quelle: PATEV GmbH & Co. KG, München • Karlsruhe • Bonn. © 2004.

Anforderungen an das mittelständische Patentmanagement

Aus den oben genannten Zielen eines Patentmanagements für mittelständische Betriebe lassen sich Anforderungen für die Umsetzung ableiten (siehe Bild 8)[77]. Dabei sollen drei Anforderungsbereiche besonders hervorgehoben werden: Der Bereich des Berichtswesens (Reporting und Controlling), der Bereich der langfristigen Planung und Steuerung (strategische Verankerung) und der Bereich der Implementierung des Patentmanagement in die Managementebene des Unternehmens (unternehmerische Verankerung).

• Reporting und Controlling

Dazu gehören alle Maßnahmen, um den Patentmanagementprozess transparent, nachvollziehbar und steuerbar zu machen. Insbesondere gehört dazu ein Reporting über die Kosten-/Nutzenrelationen des Patentportfolios für die einzelnen Geschäftsbereiche bzw. deren Produkte und Märkte. Darüber hinaus sollte es ein Reporting über die Chancen und Risiken im Patentbereich geben. Diese Berichtsstruktur wird ergänzt durch ein Controlling zielorientierter Kennziffern. Solche Kennziffern bilden die Geschäftsziele des Unternehmens für die einzelnen Geschäftsbereiche in das Patentportfolio ab. Über diese Kennziffern können zum Beispiel Budgetierungen für die Patentkosten je Geschäftsbereich gesteuert werden. Das Berichtswesen hat sowohl interne wie externe Kommunikationsaufgaben. Das Reporting ist einerseits Managementinformation für den Leitungskreis und andererseits Grundlage der Kapitalmarktinformation über das technologische Know-how des Unternehmens für Investoren oder Banken.

- **Strategische Verankerung**

Wesentliche Anforderung an das mittelständische Patentmanagement ist die Verankerung in die langfristigen Planungs- und Steuerungsbereiche des Unternehmens. Patentportfolios haben eine große „träge Masse", sie sind nur langfristig steuerbar. Das heißt, gerade die strategischen Entscheidungen über neue Produkte oder Produktänderungen, über den Ein- oder Ausstieg aus Märkten oder Regionen, die Entwicklung, Verbesserung oder Anwendung von Technologien müssen mit dem Patentmanagement abgeglichen werden. Im internationalen technologischen Wettbewerb ändern sich auch Wettbewerbsstrategien und mögliche Partnerschaften immer schneller. Daher sind Bedrohungssituationen durch Wettbewerbsportfolios aber auch die möglich Einbringung von Schutzrechten zum Beispiel in Joint-Ventures zur Technologieentwicklung mit dem Patentmanagement abzugleichen. Gerade die langfristige Technologie- und Geschäftsentwicklung muss sich im Patentportfolio widerspiegeln, um einen wirtschaftlich wertvollen Patentbestand für das Unternehmen aufzubauen. Daher ist die Integration des Patentmangements in die strategische Unternehmensentwicklung von besonderer Wichtigkeit.

- **Unternehmerische Verankerung**

Häufig ist das Patentmanagement im Entwicklungsbereich des mittelständischen Unternehmens oder im juristischen Bereich verankert. Beide Lösungen erlauben in der Regel nur eine unzureichende Umsetzung der oben genannten Ziele. Gerade die kosten- und erlösorientierten Ziele sind explizite Managementaufgaben, die zumindest im Sinne der konzeptionellen Führung in den Leitungskreis des Unternehmens integriert werden müssen. Erst wenn die Unternehmensführung direkt und regelmäßig über die Ergebnisse und den Stand der Umsetzung des Patentmanagements informiert wird, hat dieser wesentliche Unternehmenswert auch unternehmensintern die angemessene Bedeutung. Operativ wird dies zum Beispiel durch die Einführung eines regelmäßig zusammenkommenden Patentkreises realisiert (siehe Abschnitt 3.6). In diesem Gremium, das aus der Geschäftsleitung, der Entwicklungsabteilung, dem Marketing, dem Controlling, sowie dem Patentbeauftragten bzw. dem Vertreter der Patentabteilung besteht, werden die Rahmenbedingungen und Zielgrößen des Patentmangements definiert und besprochen.

Zusammenfassung der Patentstrategie als Wettbewerbsvorteil

Die mittelständische Patentstrategie muss als Rahmenbedingung die große „träge Masse" von Patentbeständen berücksichtigen. Sie gibt den Taktschlag für Veränderung und Realisierung der strategischen Ziele vor. Es wurden die Zeitskalen der wirtschaftlichen Patentnutzung aufgezeigt und die sich daraus ableitenden Konsequenzen für die Patentstrategie durch eine Aufspaltung in kurzfristige Ziele der Profitabilisierung und mittelfristige Ziele der wirtschaftlichen Nutzungsverbesserung.

Die Konsequenz: *Zunächst auf die kurzfristigen Ziele fokussieren – die Rennen werden am Start verloren!*

Die drei mittelstandsorientierten Strategieansätze für das Patentwesen sind die Wettbewerbswirkung, der Finanzmarktnutzen und der Produkt- und Kompetenzschutz. Für die Wettbewerbswirkung stellen sich einige Fragen über die aktuelle Nutzung der Schutzrechte im betrieblichen Alltag. Aus diesen Fragen leiten sich Strategieempfehlungen für die Optimierung der Wettbewerbswirkung ab.

Die Konsequenz: *Ganzheitlicher Ansatz zur Umsetzung aller Wettbewerbs-wirkungen – wer nur Teile nutzt, verschenkt seine Investitionen in Innovation.*

Der Finanzmarktnutzen von Patenten wird gerade im Mittelstand noch häufig unterschätzt. Einige Bespiele erläutern die Ansätze bei der Fremd- und Eigenkapitalfinanzierung. Insbesondere wird die unterschiedliche Sicht-weise von Kreditinstituten und Unternehmen auf Patente dargestellt.

Die Konsequenz: *Transparenz tut not – wer nicht informiert wird auch nicht finanziert.*

Der Produkt- und Kompetenzschutz ist ein weit verbreiteter Strategieansatz und wird häufig nur halbherzig angewendet. Gerade für den nachhaltigen Schutz der eigenen Wettbewerbsvorteile bei Produkten, Kompetenzen und Märkten ist ein systematisches Vorgehen mit eingehender Analyse der Ausgangssituation und nachhaltiger Umsetzung notwendig.

Die Konsequenz: *Vor dem Schutz kommt die Analyse – wer unstrukturiert und unsystematisch patentiert, verliert Zeit und Geld.*

Aus diesen Strategieansätzen zur Realisierung von Wettbewerbsvorteilen ergeben sich die drei Zielbereiche des Patentmanagements. Defensive Ziele, kostenorientierte Ziele und erlösorientierte Ziele. Diese wiederum bilden die Grundlage für die Anforderungen an das Patentmangement im Berichts-wesen sowie in der strategischen und unternehmerischen Verankerung.

Die Konseqenz: *Auch unternehmensinterne Transparenz im Patent-management ist notwendig - nur transparente Prozesse lassen sich steuern und optimieren.*

3 Schlüsselfaktoren des betrieblichen Patentmanagements

3.1 Innovation und Information: Schlüsselfaktor Patentinformation

Patentliteratur als hochwertige und wichtige Informationsquelle

Grundlage für ein erfolgreiches Patentmanagement ist die aktive Nutzung der Patentinformation. Ein wesentlicher Grund dafür liegt in der zunehmenden Bedeutung des Produktionsfaktors Information an sich. Die Wertschöpfungskette in jedem Unternehmen wird in Zukunft zu mehr als 50 Prozent von Information und Kommunikation bestimmt sein.[78] In vielen wissensintensiven Branchen mit starkem technologischen Wettbewerb ist dies schon heute Realität.

Bei der Patentliteratur handelt es sich um eine besonders hochwertige Informationsquelle. Patente werden auch als „aktuellste und genaueste Quelle technischer Information" [79] betrachtet. In Patenten sind ca. 80 Prozent des dokumentierten technischen Wissens der Welt verfügbar. Gleichzeitig darf davon ausgegangen werden, dass zwischen 70 und 80 Prozent, abhängig von der Branche, der patentierbaren Erfindungen auch tatsächlich zum Patent angemeldet werden – und damit nach der Offenlegung in der Patentliteratur nachzulesen sind.[80]

Der grundlegende Gedanke des Patentwesens ist einerseits die Gewährung eines Marktmonopols von Seiten des Staates. Andererseits muss der Patentinhaber durch die Veröffentlichung einer detaillierten Beschreibung der Erfindung seine technische Lösung offenbaren. So sollen andere Unternehmen zu weiteren Neuentwicklungen angeregt und der technische Fortschritt gefördert werden. Das lateinische „patere" heißt auch nicht etwa Schutz sondern „offenlegen". Die Nutzung von Patentliteratur zur Information zum Beispiel über den Stand der Technik ist daher nicht nur legitim sondern ausdrücklich gewünscht. Dabei geht aktuell die Entwicklung in der Patentinformation dahin, dass die verschiedenen großen nationalen (zum Beispiel das Deutsches Patent und Markenamt, DPMA, *www.dpma.de,* das US-amerikanisches Patentamt, USPTO, *www.uspto.gov*) und regionalen Patentämter (Europäisches Patentamt, EPA, *www.european-patent-office.org*) die Patentliteratur kostenfrei über das Internet der interessierten Öffentlichkeit zur Verfügung zu stellen.

Die Patentliteratur hat im wesentlichen drei Informationsbereiche, welche sie besonders interessant für das praxisorientierte mittelständische Patentmanagement macht:

- **Juristischer Informationsanteil**
  Was ist geschützt? Wie groß ist der Schutzumfang?

- **Technischer Informationsanteil**
  Was ist die neue technische Lehre? Welche Vorteile, Wirkungen und Alternativen ergeben sich daraus?

- **Wirtschaftliche Information**
  Was entwickelt die Konkurrenz? Wie ändert sich der Markt?

Dabei ist es für die Nutzung der Informationsinhalte wichtig zu wissen, dass über 90 Prozent der Patentliteratur Erfindungen ohne Rechtsschutz enthält.[81] Dies liegt zum Beispiel daran, dass das jeweilige Patent abgelaufen ist, zurückgewiesen wurde oder die Aufrechterhaltungsgebühren nicht bezahlt wurden. Das heißt für den mittelständischen Patentmanager, dass in der Patentliteratur ein enormer Schatz an frei verfügbarer, extrem hochwertiger Technologieinformation für die intensive wirtschaftliche Nutzung vorliegt.

Die Vorteile der Patentinformation

Die Vorteile der Informationsquelle Patentliteratur beziehen sich auf folgende Punkte[82,83,84]:

- Umfassende Dokumentation nahezu aller Gebiete der Technik, auch von engen Spezialbereichen;

- nahezu vollständige geographische weltweite Abdeckung;

- in großem Umfang Erfassung exklusiver Technikinformation;

- gute Recherchierbarkeit und Wiederauffindbarkeit;

- starker Anwendungsbezug der technischen Inhalte;

- große Aktualität der Literaturbasis;

- geringe Kosten für die Recherche und die Beschaffung der Dokumente;

- technische und marktorientierte Informationen;

- Dokumentation auch kleinerer Innovationen;

- Beschreibung konkreter Problemlösungen;

- Zugang zu technischen Details.

Diese Vorteile spiegeln die große Bedeutung der Patentliteratur für das Patent-, Innovations- und Technologiemanagement wider. Der sytematische und strukturierte Aufbau der Patentliteratur bietet für die Nutzung der Patentinformation im mittelständischen Patentmanagement einen einfachen Zugang zur Erschließung. Dabei haben mustergültige Patente folgenden Aufbau:[85]

- Einleitung mit genereller Einführung in die Problemstellung;
- einfache Übersicht über frühere Lösungen anderer Patentbeschreibungen;
- einfacher Abriß der neuen Erfindung;
- genaue Beschreibung mit allen möglichen Ausführungsformen;
- Beispiele für alte Technik und die neue Verbesserung;
- Patentansprüche;
- erläuternde Figuren;
- Zusammenfassung.

Diese Struktur hilft auch Ungeübten oder Gelegenheitsnutzern beim schnellen Zugang zu den Inhalten der Patentliteratur. Die Erfindungsbeschreibung, die im allgemeinen auf der zweiten Seite des Patents beginnt, hat das Ziel, die Erfindung zu offenbaren, d.h. zu erläutern und zu erklären.[86] Die Erfindungsbeschreibung enthält die Einleitung und Angaben zum technischen Gebiet sowie zum Zweck und zur Anwendung der Erfindung. Dann folgen Erläuterungen zum Stand der Technik. Dabei werden die Mängel und das Verbesserungspotenzial aufgezeigt. Anschließend wird zur technischen Aufgabe der Erfindung übergeleitet. Die Lösungsansätze entsprechend der kennzeichnenden Ausführungen finden sich in den Haupt- und Unteransprüchen. Ergänzend finden sich Auflistungen der durch die Erfindung erzielbaren Vorteile sowie Figuren und deren Erklärung. Erläuterungen der Erfindung an Ausführungsbeispielen und eine Zusammenfassung bilden ebenso nützliche Patenttextbestandteile für den technisch interessierten Leser. In Bild 9 sind die Strukturkomponenten von Patentdokumenten und deren technischer Informationsgehalt gegenübergestellt.

Strukturkomponente des Patentdokuments	Technischer Informationsgehalt
Aufgaben- und Lösungsnennung	Technische Lösung für technisches Problem
Darstellung des Standes der Technik	Welche bisherigen Lösungen gibt es? Wie machen es die Wettbewerber?
Würdigung des Standes der Technik	Welche Probleme hat die bekannte Technologie?
Patentansprüche (spez. Hauptanspruch)	Generelle technologische Anregungen, Ideen
Unteransprüche, Beschreibungsteil	Anwendungsgebiete, Einsatzbereiche, Alternativen der Technologie
Beschreibung der Ausführungsbeispiele und Figuren	Wie geht es genau? Details, konkreter Aufbau, Wirkungsweise der Technologie

Bild 9: Strukturkomponenten von Patentdokumenten und der zugeordnete technische Informationsgehalt[87].

Ein wichtiger Vorteil der Patentliteratur ist die weltweite Einteilung der Dokumente nach der internationalen Patentklassifikation (IPC). Sie dient als zentrales Hilfsmittel bei Patentrecherchen. Das System wird von annähernd 90 Staaten, vier regionalen Büros und dem internationalen Büro der Weltorganisation für geistiges Eigentum (WIPO) verwendet. Die internationale Patentklassifikation ist eingeteilt in acht Sektionen mit fast 67.000 Untergliederungen. Seit 1975 werden die Dokumente nach einer längeren Übergangsfrist in einzelne Technologiebereiche eingeteilt. Nationale und regionale Patentämter indexieren alle Patentanmeldungen und Patenterteilungen mit dem entsprechendem Symbol. Die IPC besitzt eine hierarchische Struktur (siehe Tabelle 1). Es gibt auf der höchsten Hierarchiestufe acht Sektionen vom täglichen Lebensbedarf bis zur Elektrotechnik. Über verschiedene Stufen wird die Klassifizierung immer feiner (siehe Beispiel in Tabelle 1). Das Symbol für jede Unterteilung besteht aus lateinischen Buchstaben und arabischen Ziffern. Jede Patentschrift wird auf der Basis des Hauptanspruchs nach den Regeln der IPC eingeteilt. Mittlerweile werden ungefähr 95 Prozent der weltweit veröffentlichten Patentschriften anhand der IPC indexiert. Die IPC wird an die neuen technischen Entwicklungen angepasst und regelmäßig (aktuell alle 5 Jahre) als Neuauflage veröffentlicht. Die siebte Ausgabe ist in Kraft seit dem 01.01.2000. Die IPC wird in mehreren Sprachen (u.a. Englisch und Französisch) herausgegeben.[88] Eine ausführliche Darstellung der IPC und der Recherchemöglichkeiten ist in der weiterführenden Literatur unter [6] und [8] zu finden.

Hierarchiestufe	Symbol	Beschreibung
Sektion	G	Physik
Klasse	G01	Messen; Prüfen
Unterklasse	G01P	Messen der Linear- oder Winkelgeschwindigkeit, der Beschleunigung, der Verzögerung oder des Stoßes; Anzeigen des Vorhandenseins, des Fehlens oder der Richtung einer Bewegung
Hauptgruppe	G05P 5	Messen der Geschwindigkeit von fließfähigen Medien
Untergruppe	G05P 5/10	durch Messen thermischer Veränderlicher

Tabelle 1:   Der hierarchische Aufbau der IPC-Klassifizierung für eine Messvorrichtung der Geschwindigkeit von viskosen Medien mit Hilfe einer thermischen Größe.[89]

Informationsquellen für Patentliteratur

Von Bedeutung für die betriebliche Praxis ist die Patentliteratur heute nur noch in elektronischer Form. Dabei kann man zwei grundlegende Formen des Zugangs unterscheiden: Online- und Offline-Quellen. Diese beiden Zugangsformen lassen sich wie in Tabelle 2 dargestellt für die Nutzung in mittelständischen Unternehmen bewerten:

	Offline	Online
Kostenstruktur	+/-	+
Aktualität	+/-	+
Backload	+/-	+
Investition	-	++
Geschwindigkeit	+	+
Systemvoraussetzungen	-	+
Verfügbarkeit	+/-	+

Tabelle 2: Vergleich der charakteristischen Nutzungseigenschaften von Online- und Offline-Patentliteraturquellen. Quelle: NATIF GmbH, München.

Damit ergibt sich ein eindeutig positives Bild für die Online-Informations-quellen. Hier fallen keine Ausgaben für die Beschaffung von Datenträgern an und es müssen keine Aktualisierungen auf den unternehmenseigenen Rechnern mit dem entsprechenden Verwaltungsaufwand vorgenommen werden. Das heißt, für eine Nutzung mit der heute üblichen unternehmens-weiten IT-Infrastruktur in den Unternehmen fallen praktisch keine Vorlauf-investitionen an. Insbesondere bieten die Online-Systeme eine sehr ausge-feilte Recherchestruktur an, um auch aufwändige, aber für zum Beispiel marktrelevante Fragen wichtige statistische Analysen zwischen mehreren Datenbanken schnell und effizient durchführen zu können.[90] Eine ausführ-liche Darstellung der Offline-Patentliteraturquellen und der Recherche-möglichkeiten finden sie in der weiterführenden Literatur unter [8].

Im Bereich der elektronischen Online-Quellen lassen sich aus der Sichtweise mittelständischer Nutzer zwei Einteilungen finden: Hostgestützte Daten-banken und WWW-Datenbanken. Dabei wird unterschieden, ob eine Da-tenbank von einem Datenbankhost angeboten wird, oder ob die Datenbank frei (nicht unbedingt kostenfrei!) über das World Wide Web zugänglich ist. Die Hosts oder Datenbankbetreiber sind für die patentrelevanten Informa-tionen vor allem:[91] STN (www.stn-international.de); FIZ-Technik (www.fiz-technik.de) ; FIZ-Chemie (www.fiz-chemie.de); Questel Orbit (www.questelorbit.com); Dialog (www.dialog.com) und Lexis-Nexis (www.lexisnexis.com). Insgesamt stehen über diese Hosts mehrere tausend Datenbanken zur Verfügung, davon weit über 100 mit relevanten Inhalten für die Patentrecherche. Nicht zu vergessen ist die Kombinationsmöglichkeit der Patentinformationen mit zusätzlichen Wirtschaftsinformationen zum Beispiel von den Hosts GBI (www.gbi.de) und Genios (www.genios.de). Eine ausführliche Darstellung der hostgestützten Patentliteraturquellen und der Recherchemöglichkeiten gibt die weiterführende Literatur unter [3], [4] und [8].

Darüber hinaus findet man im Internet selbst inzwischen hochinteressante Quellen zum Patentwesen und zur Patentliteratur.[92] Dabei unterscheidet man zwischen Webkatalogen, Verzeichnissen und Linksammlungen wie zum Beipiel www.yahoo.com, Suchmaschinen wie zum Beispiel www.altavista.com, www.google.de und Metasuchmaschinen wie zum Beispiel www.metacrawler.com. Letztere suchen in mehreren Such-maschinen gleichzeitig nach den eingegebenen Begriffen. Darüber hinaus gibt es im World Wide Web auch reine Patentdatenbanken. Eine Übersicht finden sie in diesem Buch in Kapitel 5.2. Eine ausführliche Darstellung der Webgestützten Patentliteraturquellen und der Recherchemöglichkeiten gibt die weiterführende Literatur unter [1], [2],[5] und [8].

Recherche und Beschaffung von Patentinformation

Informationen werden dann beschafft, wenn der erwartete Nutzen die zu erwartenden Kosten rechtfertigt. Für das mittelständische Patentmanagement kann das zum Beispiel die verbesserte Entscheidungsgrundlage für eine Entwicklungsinvestition bei Markteintritt in einer Absatzregion sein. Als Beschaffungskosten wären dann neben den finanziellen Mitteln auch die für die Informationsbeschaffung aufgewendete Zeit und Energie zu veranschlagen, die für andere Tätigkeiten hätte genutzt werden können.[93] Daher finden sich in den Tabellen in Kapitel 5.2 auch entsprechende Hinweise für den Recherche- und Zugangskomfort bei den jeweiligen Datenbanken.

Dabei ist es heute kein Problem mehr, an hochwertige Information zu kommen oder diese durch gezielte Recherche aufzuarbeiten. Es ist die schiere Informationsflut, die auf uns einströmt, die eine Entscheidung schwierig macht. Einige Beispiele für die produzierten Informationsmengen:[94] Jedes Jahr werden etwa 230.000 Bücher in den Amtssprachen des Europäischen Patentamtes, also in Deutsch, Englisch und Französisch publiziert. Die Zahl der Zeitschriften, in denen Artikel veröffentlicht werden beträgt weltweit nach vorsichtigen Schätzungen 60.000 bis 100.000. In diesen Zeitschriften werden ca. 3.000.000 Artikel publiziert. Weltweit gibt es einen Bestand von über 37 Mio. Patentdokumenten. Jährlich werden weltweit etwa acht Mio. Patentanmeldungen und davon ca. 800.000 Erstanmeldungen registriert; mit steigender Tendenz.[95] Das entspricht ca. 2.200 neuen Dokumenten pro Tag oder ca. 90 pro Stunde.

War die Datenbankrecherche in Online-Quellen noch in den 1980er Jahren unter dem Stichwort „elektronische Recherche" ein Thema für Spezialisten[96], so ist inzwischen durch die Verbreitung der verschiedenen Internetdienste die Recherche in vielen Unternehmen zur täglichen Arbeit geworden. Die Internetdienste des Deutschen Patent- und Markenamtes (www.depatisnet.de), des Europäischen Patentamtes (ep.espacenet.com) und des US-Patentamtes (www.uspto.gov) bieten heute komfortable und kostenfreie Recherchemöglichkeiten für die Patentliteratur.[97] In Abschnitt 5.2 ist eine Übersicht der verschiedenen Recherchemöglichkeiten in WWW-Datenquellen dargestellt. Ebenso findet sich in Kapitel 5.3 eine Übersicht zu den Möglichkeiten der Dokumentbestellung über das Internet.

In den obigen Ausführungen wurde davon ausgegangen, dass die Recherche durch das Patentmanagement im Unternehmen stattfindet. Selbstverständlich ist es nicht nur möglich, sondern zum Beispiel im Falle von komplexen Fragestellungen oder beim Bedarf von entsprechendem Hintergrundwissen sinnvoller, auf externe Hilfe in der Patentrecherche zurückzugreifen.

Dazu befinden sich zum Beispiel in vielen Städten gut ausgestattete Patentinformationszentren (www.patentinformation.de) und privatwirtschaftliche Dienstleistungsunternehmen.

Nutzung der Patentinfomation

Nach Erich Häußer, dem ehemaligen Präsidenten des Deutschen Patent- und Markenamtes, ließe sich bei besserer Nutzung der Informationsquellen mindestens ein Drittel des Forschungs- und Entwicklungsaufwandes in Deutschland einsparen.[98] Dabei gehen der deutschen Wirtschaft über 12 Mrd. Euro für Doppelentwicklung und Doppelforschung verloren. Für weniger als die Hälfte aller Anmeldungen (ca. 45 Prozent) wird ein Patent erteilt. Häufigster Grund für die Nichterteilung ist die fehlende Neuheit.[99] Das heißt, die Nutzung der Patentliteratur als Informationsquelle zum Stand der Technik, kann noch weiter verbessert werden.

Gerade die Information über bestehende technische Lösungen bietet einen sehr guten Ausgangspunkt und eine Referenz für die eigenen innovatorischen Leistungen. Die Patentliteratur gilt als die wichtigste Quelle für Innovationen.[100] Oftmals existieren bereits irgendwo auf der Welt Problemlösungen, die im Augenblick nicht erkannt werden. Das Lernen von anderen Firmen und Personen bildet eine wichtige Voraussetzung für den späteren unternehmerischen Erfolg.[101] Information ist inzwischen zu einem entscheidenden Erfolgsfaktor für unternehmerisches Handeln im Mittelstand geworden.[102]

Gerade das Lernen vom Besten hat sich in den letzten 15 Jahren unter dem Begriff des „Benchmarking" zu einer zentralen, wettbewerbsorientierten Managementtechnik entwickelt. Systematisch angewandt und dokumentiert wurde Benchmarking erstmals von der amerikanischen Xerox Corporation. Bis in die 1970er Jahr hielt Xerox unangefochten einen Weltmarktanteil von knapp 50 Prozent bei Kopiergeräten. Innerhalb weniger Jahre sank der Marktanteil jedoch auf 22 Prozent. Um die an die billiger anbietenden japanischen Unternehmen verlorenen Marktanteile zurückzugewinnen, begann Xerox 1979 damit, die Stückkosten in der Fertigung zu analysieren. Die US-Muttergesellschaft verglich die technische Basis ihrer Kopiergeräte mit denen von Wettbewerbern. Dazu, lässt sich aus den bereits beschriebenen Gründen die Patentliteratur in hervorragender Weise nutzen. Es wurden zum Beispiel Produkte von Canon in ihre Einzelteile zerlegt. Die technologischen Leistungslücken und die Kostenvorteile wurden analysiert und als Zielvorgaben im eigenen Unternehmen übernommen.

Dabei wird die Geschwindigkeit immer mehr zu einem entscheidenden Erfolgsfaktor im Wettbewerb oder wie es die Angelsachsen ausdrücken:

„Der frühe Vogel fängt den Wurm". Im Wettbewerb entscheidet häufig der erste Anbieter einer technologischen Lösung den Markt für sich[103]. Bei der Patentliteratur handelt es sich um eine sehr schnelle oder in Bezug auf das Entwicklungsstadium neuer Technologien frühe Informationsquelle, da Patentanmeldungen relativ schnell nach der Innovation angemeldet werden (zwischen ein und maximal zwei Jahren)[104] und in der Regel durch die Patentämter 18 Monate nach der Anmeldung für die Öffentlichkeit zugänglich gemacht werden (Bild 10)[105]. Andere Literaturarten mit Informationen über Innovationen oder neue Produkte sind für die Öffentlichkeit häufig erst zu einem späteren Zeitpunkt zugänglich; es existiert hier in der Regel auch keine Veröffentlichungspflicht.

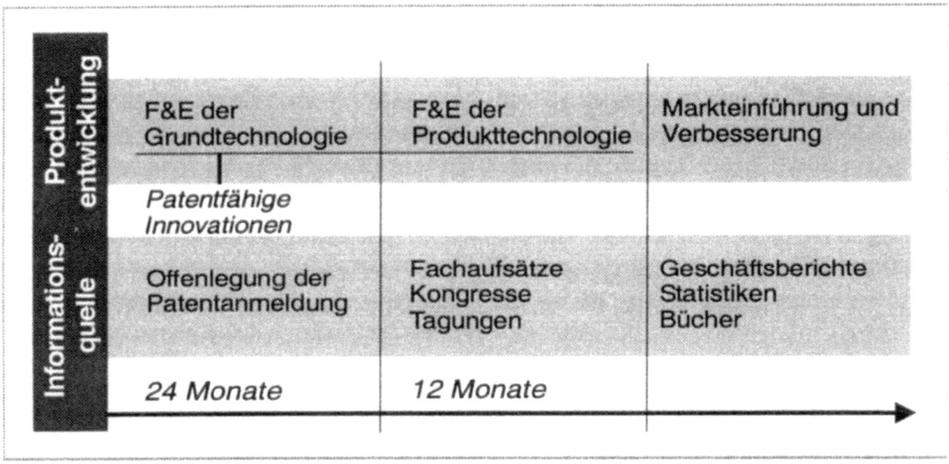

Produktentwicklung	F&E der Grundtechnologie	F&E der Produkttechnologie	Markteinführung und Verbesserung
	Patentfähige Innovationen		
Informationsquelle	Offenlegung der Patentanmeldung	Fachaufsätze Kongresse Tagungen	Geschäftsberichte Statistiken Bücher
	24 Monate	*12 Monate*	

Bild 10: Zeitlicher Vorsprung von Patentinformationen.[106]

Auch kann man bei Patentinformationen von einer wirtschaftlich relevanten Information ausgehen. Es werden ca. 30 Prozent der angemeldeten Patente im anmeldenden Unternehmen auch wirtschaftlich genutzt.[107] Gleichzeitig sind von allen Patentanmeldungen nach Schätzungen des Deutschen Patent- und Markenamtes nur ca. 30 Prozent wirklich gebrauchsfertig.[108] Wichtig für die Einschätzung der wirtschaftlichen Relevanz der Patentliteratur ist die Frage nach der wirtschaftlichen Nutzung der Schutzrechte. Es kann davon ausgegangen werden, dass ca. 60 Prozent der produktbezogenen Patente nach etwa drei Jahren (nach der Erfindung) wirtschaftlich genutzt werden und ca. 40 Prozent der verfahrensbezogenen Patente. Daraus folgt: Bei Verfahren dauert die wirtschaftliche Umsetzung länger!

Nach Branchen heißt dies: Der Maschinenbau setzt schneller und konsequenter um (ca. 70 Prozent nach drei Jahren), als die Elektrotechnik (ca. 60 Prozent nach vier Jahren) und dann kommt erst die Chemie (ca. 40 Prozent nach fünf Jahren). Nach der Unternehmensgröße setzen kleine Unternehmen ihre Patente am konsequentesten und schnellsten um (70 Prozent nach zwei Jahren). Danach kommt der Mittelstand (60 Prozent nach drei Jahre) und dann erst die Großindustrie (50 Prozent nach vier Jahren).[109]

Was sagen diese Zahlen und die vorhergehenden Ausführungen für die mittelständische Patentpraxis aus? Die Patentliteratur enthält hochwertige und zum großen Teil einmalige Technologieinformationen mit hoher wirtschaftlicher Relevanz und einem erheblichen Zeitvorsprung vor anderen Informationsquellen. Dies zeigt auch Bild 11 für die Entwicklung der Telefaxtechnik. Hätte man als Unternehmen die Anmeldehäufigkeit in dieser Technologie nachhaltig verfolgt, ergäbe sich ein Zeitvorsprung vor der tatsächlichen Marktwirkung der Technik von etwa vier Jahren!

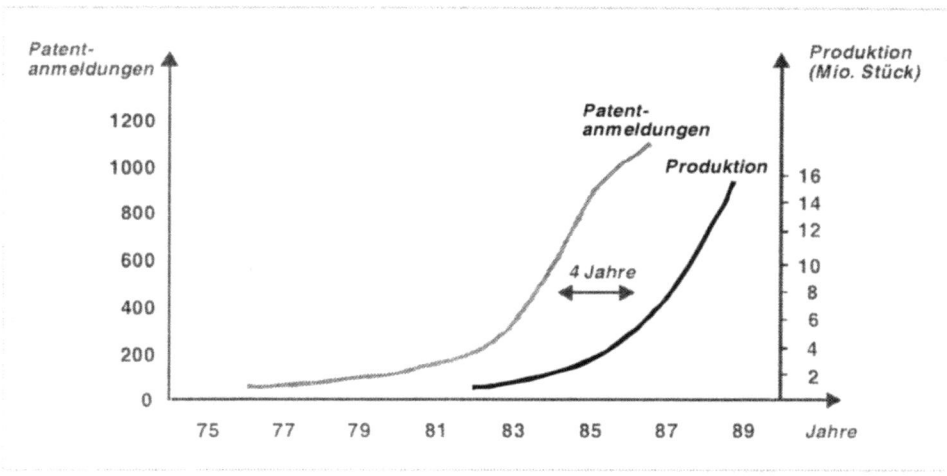

Bild 11: Zeitlicher Vorsprung der Patentliteratur bei der Telefaxtechnik.[110]

Nutzung der Patentinformation am Beispiel des Entwicklungsprozesses

Anhand der in Bild 12 dargestellten Hauptphasen des Entwicklungsprozesses sind der jeweilige Informationsbedarf und die dafür zur Verfügung stehenden Informationsmittel sowie die nutzbaren Informationsquellen gekennzeichnet.[111]

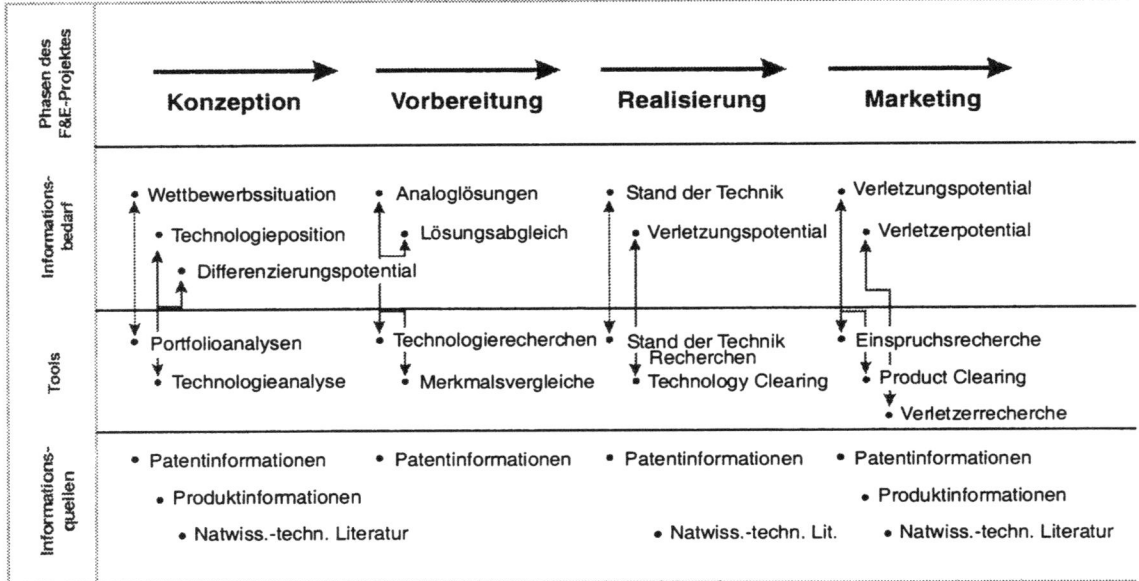

Bild 12: Hauptphasen eines Entwicklungsprojekts mit dem jeweiligen Informationsbedarf. Quelle: NATIF GmbH, München, © 2004

Im Entwicklungsprozess können folgende Informationsmittel des Patentmanagements genutzt werden:

- Überwachungsrecherche
  Regelmäßig nach gleichen Inhalten (zum Beispiel Technologie, Anmelder etc.) in gleichen Datenquellen durchgeführte Recherche (siehe dazu [8]).

- Stand der Technik Recherche
  Sachrecherche zur Ermittlung des Standes der Technik in einem Technologiegebiet (siehe dazu [8]).

- Einspruchsrecherche
  Sachrecherche zur Ermittlung von Einspruchsmaterial (siehe dazu [8]).

- Verletzerrecherche
  Recherche nach möglichen Verletzern der eigenen Schutzrechte.

- Technologierecherche
  Recherche nach Technologieinformationen in der Patentliteratur zum Beispiel zu alternativen oder vorteilhaften technischen Lösungen (siehe dazu [9]).

50

- TechnologyClearing - Recherche
  Identifikation von Patentdokumenten die der einzusetzenden Technologie oder dem jeweiligen Verfahren/Prozess entgegenstehen.

- ProductClearing
  Identifikation von Patentdokumenten, die dem in den Markt einzuführenden Produkt entgegenstehen.

- Merkmalsvergleiche
  Abgleich verschiedener Merkmalsstrukturen, zum Beispiel von Produkten oder Technologien mit Dokumenten aus der Patentliteratur.

Diese Informationsmittel müssen jeweils im Umfang angepasst und zeitgerecht eingesetzt werden, um erhebliche Kosteneinsparungen zu erzielen. Durch die Nutzung von Patent- und Technikdatenbanken für Forschungs- und Entwicklungszwecke können bis zu 25 Prozent der Entwicklungszeit eingespart und die F&E-Kosten bis zu 29 Prozent gesenkt werden.[112]

Nutzung der Patentinformation in der Früherkennung

Die Idee der strategischen Früherkennung basiert auf dem Gedanken, dass Veränderungen und Störungen im technologischen Bereich i.d.R. nicht überraschend, also von heute auf morgen erfolgen, sondern sich durch „schwache Signale" ankündigen.[113] Bei diesen schwachen Signalen handelt es sich um unscharfe und schlecht gegliederte Informationen, die auf Trendveränderungen hinweisen und die deshalb systematisch und regelmäßig beobachtet werden sollten. Schwache Signale lassen sich sehr gut durch Patentinformation analysieren (siehe auch Abbildung 11 durch Überwachung der für die Telefaxtechnologie relevanten IPC-Klassen)[114]. So waren zum Beispiel vor dem 2.Weltkrieg nur ca. ein Viertel der US-amerikanischen Haushalte mit Kühlschränken ausgestattet. Nach dem 2. Weltkrieg war der Markt mit einem Bestand von 95 Prozent praktisch gesättigt. Die Unternehmen suchten sich alternative Anwendungsmöglichkeiten der Kühltechnik. Es kamen in der Folge immer neue Anwendungsbereiche hinzu: Klimaanlagen für Kraftfahrzeuge, mobile Kühlgeräte für Wohnungen, Einzelraumkühlungen und zentrale Klimaanlagen für Bürohäuser.[115]

Durch Recherche und Analyse größerer Datenmengen mit Hilfe von elektronischen Datenbanken mit Patentliteratur werden komplexe Fragestellungen der Früherkennung leicht bearbeitbar. Die registrierten Aktivitäten sind Ausdruck der ökonomischen Bedeutung, die einer Technologie beigemessen wird, sowie der Vielfalt der beschrittenen Wege. Patentanmeldungen liegen in der Regel Entwicklungsanstrengungen mit einem entsprechenden Zeit- und Kostenaufwand zugrunde. Bei zunehmender Patentaktivität in einem Technoligiegebiet liegt der Rückschluss nahe, dass es sich um einen attraktiven Markt handelt. Nur wenn die Chanceneinschätzung der Marktteilnehemer hoch ist, werden sie in die Technologie und in die Patentierung der Lösungen investieren.[116]

Zusammenfassend leistet die Patentinformation im Patentmanagement folgende Funktionen[117]:

- Prognosefunktion;
  (zum Beispiel über zukünftige Technologien und Märkte)

- Diagnosefunktion;
  (zum Beispiel zum aktuellen Stand der Technik)

- Kreativitätsunterstützung;
  (zum Beispiel in der eigenen Entwicklungsaktivität)

- Bewertungsfunktion;
  (zum Beispiel für die Einschätzung des eigenen technologischen Standes bei Produkten oder Prozessen).

Damit stellt das Informationsmanagement als Teil des Patentmanagements eine Querschnittsfunktion für die Schlüsselfaktoren, wie sie in den nächsten Abschnitten beschrieben werden, dar.

3.2 Innovationen erfolgreich auf den Weg bringen: Innovationsmanagement

Das Innovationsmanagement wird in diesem Buch als Teil des Patentmanagements verstanden und auch nur der für die Umsetzung in der mittelständischen Praxis notwendige Teil soll hier in Auszügen dargestellt werden. Dabei sollten Forschung und Innovation nicht verwechselt werden. Während nicht alle Forschungs- und Entwicklungsergebnisse zu Innovationen führen, benötigen viele Innovationen keine spezifische Forschung, um erfolgreich zu sein. Es können zunächst Produkt- und Prozeßinnovationen unterschieden werden. Während sich Produktinnovationen in der Regel am Markt behaupten müssen, zielen Prozessinnovationen häufig in der betrieblichen Nutzung auf Kosteneinsparungen bzw. auf die Ermöglichung neuer Produkte im Sinne der Fertigungsfähigkeiten. Dies hat Auswirkungen auf die Patentstrategie.

Mittelständische Unternehmen nutzen häufig das Erfindungspotenzial im Prozessbereich sehr viel weniger als im Produktbereich. Dies wird in der Regel mit dem Hinweis auf die Offenlegung der Anmeldeschrift nach 18 Monaten und der Befürchtung eines damit einhergehenden Know-how-

Verlustes begründet. Es sollte jedoch nicht vergessen werden, dass ein produzierendes Unternehmen sehr viel mehr Know-how besitzt als durch die Offenlegung einer Patentanmeldung an Dritte gelangen kann. Als Know-how bezeichnet man technisches Erfahrungswissen, das nicht durch technische Schutzrechte gesichert ist. [118] In vielen Fällen handelt es sich dabei um Fertigungs-, Prüfungs-, Montage- und Inbetriebnahme-Know-how, welches zum Beispiel für einen potenziellen Lizenznehmer notwendig ist, um den im Patent beschriebenen Gegenstand überhaupt bzw. ohne erhebliche Zusatz-kosten herstellen oder gebrauchen zu können. Das heißt, die praktische Umsetzung eines technologischen Fortschritts wie er in einer Anmeldeschrift veröffentlicht wird, benötigt sehr viel mehr als in dem Dokument nachzule-sen ist. Nur in kritischen Ausnahmen sollte das Unternehmen auf die Wirkung der Geheimhaltung trotz Personalfluktuation, Kundeninstallationen und anderer Schwierigkeiten vertrauen. Gleichwohl besitzt das Unternehmen im Falle des Schutzes durch Geheimhaltung keinerlei Verbietungsrechte gegenüber Dritten. Daher sehen auch über 80 Prozent der Unternehmen die Patentierung als wichtiges oder sehr wichtiges Mittel im Wettbewerb an. [119]

Die Einteilung von Innovationen kann auch anhand der folgenden drei grundlegenden produktorientierten Innovationstypen erfolgen. [120] Dabei werden jeweils vier Kriterien für die Einteilung verwendet:

- Der Zeithorizont in dem die Produktinnovation eine relevante Markt-wirkung erzielt.

- Der Innovationsauslöser, also der initiativ für die Innovationsleistung wirkende Impuls.

- Der Umfang der Innovation und

- der Charakter der möglichen Zielmärkte für die Produktinnovation.

Aus dieser Einteilung lassen sich praxisorientierte Patentstrategiemaßnahmen ableiten. Die Hinweise auf die Patentierungsstrategie beziehen sich auf den Aufbau eines Patentclusters bezüglich des entsprechenden Produktes oder eines Produktbereichs. Ein Patentcluster ist eine Gruppe von Schutzrechten die möglichst viele Aspekte oder Merkmale eines Produktes abdecken: von den Produktleistungen, über die Herstellungsverfahren bis hin zu den Verpackungen oder spezifischen Anwendungsbereichen (siehe Abschnitt 2.4). Bei Vorratspatenten handelt es sich dabei um Schutzrechte, die keine aktuelle Nutzung im Betrieb erfahren, aber dennoch bewusst aufrecht erhalten werden, um für eine mögliche zukünftige Nutzung zur Verfügung zu stehen (siehe Abschnitt 2.4). Bei Sperrpatenten handelt es sich ebenfalls um nicht aktiv durch das Unternehmen umgesetzte Schutzrechte die allerdings eine wettbewerbsorientierte Wirkung haben. Sie stören den

Wettbewerb zum Beispiel an der Nutzung einer kompetitiven Technologie für eine attraktive Umgehungslösung (siehe Abschnitt 2.4). Nicht selten, gerade bei grundlegenden Schutzrechten werden die entsprechenden Technologien zum Industriestandard. Dies führt zu einer erheblichen Wertsteigerung und zu einem großen Lizenzpotenzial. Das Lizenzpotenzial kann grundsätzlich wettbewerbsstrukturierend – also innerhalb des Wettbewerbsumfelds – oder wettbewerbsneutral – also außerhalb des Wettbewerbsumfelds – liegen.

- **Produktinnovationstyp 1:** *Erweiterung der Produktlinie*

  - Zeithorizont: Ein bis zwölf Monate

  - Innovationsauslöser: Aktuelle Kundenbedürfnisse

  - Innovationsumfang: Verbesserung

  - Zielmarkt: Vorhandene, aktuelle Märkte des Unternehmens

  - Beispiel: Mobilfunkgeräte mit farbigen Display und Fotokamera; Hochdruckschmierstoffzuführung im Werkzeugmaschinenbau

Patentierungsstrategie:

- Patentcluster: Verfeinerung des vorhanden Clusters

- Vorratspatente: Keine, da sofortige Nutzung

- Sperrpatente: Geringes Potenzial, Grundlagentechnologie vorhanden und kundenrelevante Verbesserungen sollen auch genutzt werden

- Länderstrategie: Nur hochrelevante Länder (wichtige Produzenten, wichtige Absatzmärkte)

- Schutzumfang: Detailverbesserungen

- Differenzierung: Genauer Abgleich mit Wettbewerbsschutzrechten

- Standardpotenzial: Keine Standardrelevanz für erteilte Schutzrechte

- Lizenzpotenzial: In der Regel wettbewerbsstrukturierend, selten wettbewerbsneutral

- **Produktinnovationstyp 2:**   *Produkte der nächsten Generation*

  - Zeithorizont: ein bis zwei Jahre

  - Innovationsauslöser: Bekannte und erwartete Kunden-
    bedürfnisse

  - Innovationsumfang: Verbesserung und Alternativen

  - Zielmarkt: Vorhandene, aktuelle Märkte des
    Unternehmens

  - Beispiel: Mobilfunkgeräte mit neuem
    Übertragungsstandard; Hochleistungs-
    stähle für Schnellbearbeitungs-
    werkzeuge

Patentierungsstrategie:

  - Patentcluster: Aufbau eines neuen Patentclusters

  - Vorratspatente: Wenige, für nicht zur eigenen Nutzung
    vorgesehene Technologieanteile

  - Sperrpatente: Mittleres Potenzial, bei Technologie-
    vorsprung Ausgrenzung von Verfolgern
    möglich

  - Länderstrategie: Relevante Länder (bekannte Produzen-
    ten, bekannte Absatzmärkte)

  - Schutzumfang: Wesentliche technologische Bereiche

  - Differenzierung: Abgleich mit Wettbewerbsschutzrechten

  - Standardpotenzial: Geringe Standardrelevanz für erteilte
    Schutzrechte

  - Lizenzpotenzial: In der Regel wettbewerbsstrukturierend,
    häufig wettbewerbsneutral

- **Produktinnovationstyp 3:**   *Produktrevolutionen*
- Zeithorizont: Mehr als zwei Jahre
- Innovationsauslöser: Vermutete Kundenbedürfnisse
- Innovationsumfang: Vollständige Neuerung
- Zielmarkt: Neue Märkte für das Unternehmen
- Beispiel: Sprachkommunikation durch Palm-Top;
  Werkzeugmaschinenkombination als
  Bearbeitungszentrum

Patentierungsstrategie:

- Patentcluster: Grundlagenschutzrechte mit Applikationspotenzialen

- Vorratspatente: Häufig ganze Teilportfolios, abhängig von Unternehmensstrategie und Markteinschätzungen

- Sperrpatente: Hohes Potenzial, im Falle der eigenen Nichtnutzung

- Länderstrategie: Möglichst viele Länder

- Schutzumfang: Grundlegende technologische Bereiche

- Differenzierung: Geringer Abgleich mit Wettbewerbsschutzrechten

- Standardpotenzial: Hohe Standardrelevanz für erteilte Schutzrechte

- Lizenzpotenzial: In der Regel wettbewerbsneutral

Die hier angegebenen Patentstrategien sind nur als erste Anregung für die eigene Umsetzung gedacht. Selbstverständlich ist eine detaillierte Analyse der Ausgangssituation und der Zielvorgaben im Sinne der Unternehmensstrategie notwendig, um im Einzelfall eine geeignete, effiziente und wirtschaftliche Patentstrategie im Unternehmen zu finden.

3.3 Schutz der Innovation: Gewerbliche Schutzrechte im technologischen Wettbewerb

„Das Ziel von Wirtschaft ist das Erringen von Wettbewerbsvorteilen", und wie Johann Löhn, der Vorsitzende des Vorstandes der Steinbeis-Stiftung für Wirtschaftsförderung hinzufügt: „damit ist sie bereits hinreichend definiert"[121]. Damit muß für das einzelne Unternehmen der Schutz dieser Wettbewerbsvorteile im technologischen Wettbewerb an vorderster Stelle auf der Strategieagenda stehen. Bezüglich der Umsetzung von Patentstrategien lassen sich die folgenden Typen unterscheiden. Diese werden im Folgenden mit einigen Optimierungshinweisen vorgestellt:

- **Durchsetzungsstrategie**

Der Patentanmelder erhofft sich durch das mit dem Patent erreichte Ausschließlichkeitsrecht eine gewisse Monopolstellung für Herstellung, Vertrieb und Nutzung eines auf diesem Patent basierenden Produktes oder

Verfahrens. Wird dieser Vorteil durch eine unberechtigte Nutzung durch einen Wettbewerber eingeschränkt oder aufgehoben, so wird sich der Patentinhaber um eine Wiederherstellung seines Rechts bemühen. In aller Regel wird der Patentinhaber zunächst mit dem Verletzer Kontakt aufnehmen und Verhandlungen führen. Falls es zu keiner gütlichen Einigung kommt, wird in aller Regel ein Patentverletzungsverfahren angestrebt. Im weiteren Verlauf dieses Verfahrens hat der Patentinhaber den Nachweis über Art und Umfang der Verletzung zu erbringen. Daher sollte bereits vor der Ausarbeitung einer Patentanmeldung hinterfragt werden, ob und in welcher Form der erfinderische Gedanke am Produkt erkannt werden kann. Gelingt es nicht, mit überschaubarem Aufwand einen Verletzungsnachweis zu führen, so wird aus der Verletzungsklage sehr schnell ein „Schattenboxen" ohne greifbaren Erfolg. Das Erkennen von Verletzungen ist insbesondere bei Verfahrenspatenten schwierig. Daher ist eine Durchsetzungsstrategie mit Verfahrensschutzrechten allein nicht zu empfehlen. Sie sollte kombiniert werden mit einer Cluster-Strategie.

- **Technikdokumentation**

Patente werden im Erteilungsverfahren durch das Patentamt auf Neuheit und Erfindungshöhe geprüft. Wie oben beschrieben wird für einen nicht unbeträchtlichen Anteil der Patentanmeldungen, für die ein Prüfungsantrag gestellt wurde, wegen mangelnder Neuheit kein Patent erteilt. Dieser zum Teil offensichtliche Mangel an Neuheit zum Stand der Technik muß nicht immer im Unwissen oder in Unkenntnis von Seiten des Anmelders begründet sein. Dahinter kann eine gezielte Strategie des Schaffens einer allgemein bekannten Dokumentation zum Stand der Technik durch die Offenlegung des Patentamtes liegen. Insbesondere, wenn mit der Anmeldung kein Recherche- oder Prüfungsantrag gestellt wird liegt diese Vermutung nahe. Der Anmelder kann somit sicherstellen, dass der angemeldete Gegenstand zum Stand der Technik gehört und weiteren Anmeldung entgegensteht. Damit ist zunächst kein eigenes Verbietungsrecht verbunden. Dennoch kann es für den Anmelder von Vorteil sein, das Verhindern von anderen Schutzrechten im analogen Bereich erreicht zu haben.

- **Clustering**

Um eine wichtige Technologie oder ein umsatzstarkes Produkt möglichst gut zu schützen, werden so genannte Patentcluster um das gesamte Produkt bzw. um die Technologie aufgebaut. Gleichsam wie ein Zaun oder ein Schutzwall soll der Kern des Produktes von verschiedenen Seiten geschützt werden. Dazu werden nicht nur die wichtigsten spezifischen Eigenschaften des Produktes selbst geschützt, sondern möglichst auch noch umgebende und ergänzende Eigenschaften. Das können die zugehörigen Fertigungsverfahren oder Maschinen ebenso sein wie zum Beispiel spezifische Eigenschaften der Verpackung und der Darstellung gegenüber der Kundenwahrnehmung. Das heißt, man lässt sich zum Beispiel im Falle eines neuartigen Crimp-Werkzeugs nicht nur den Zangenmechanismus schützen, sondern auch die Ausgestaltung der Griffe, die Riffelung der Zangenbacken, die Kunststoffgegenstücke für die Litzenenden und am Besten auch noch eine Vorrichtung zum gezielten Einführen der Ösen auf die Enden der Litzen. Ein solcher Patentschutzwall ist schematisch in Bild 13 dargestellt.

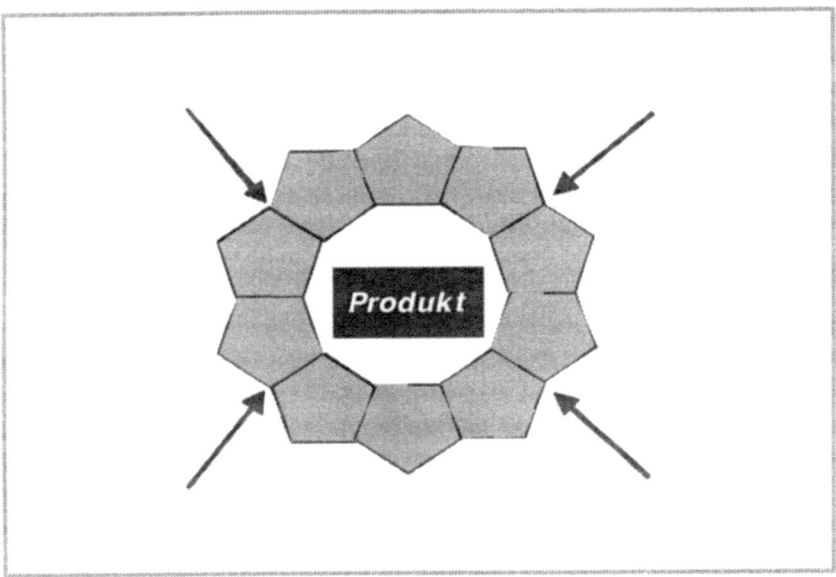

Bild 13: Schematische Darstellung eines idealen Patentclusters zum Produktschutz. Quelle: PATEV GmbH & Co. KG, München • Karlsruhe • Bonn. © 2004.

- **Wettbewerbsbehinderung**

Dabei geht es nicht primär um die eigene wirtschaftliche Umsetzung patentierter Technologien, sondern um die Behinderung von Wettbewerbern. Das Mittel dazu sind in der Regel so genannte Sperrpatente. Mit solchen Schutzrechten soll Wettbewerbern der Zugang zu bestimmten technologischen Lösungen versperrt werden. Es sind bei dieser Strategie auch kartellrechtliche Fragen sowie die grundsätzliche Möglichkeit der Zwangslizensierung zu berücksichtigen. Häufig ist der Wettbewerb auch nur für relativ kurze Zeit tatsächlich vom Zugang ausgeschlossen. Durch entsprechenden finanziellen, zeitlichen und technologischen Aufwand lassen sich häufig Umgehungslösungen finden.

- **Schaffung von Lizenzpotenzialen**

Dabei steht nicht die Patentierung zum Beispiel einer Produkttechnologie im Vordergrund, die vom Unternehmen durch die Herstellung des Produktes selbst wirtschaftlich ausgenutzt wird. Vielmehr werden die Schutzrechte so gestaltet, dass sie eine gute Ausgangsbasis für die Vergabe von Lizenzen bieten. Es stehen also nicht die eigenen technischen Lösungen im zentralen Interesse der Schutzrechtsgestaltung, sondern die Möglichkeit, mit anderen Unternehmen erfolgreiche Lizenzverhandlungen zu führen. Dies kann in einer freundlichen Angebotsrolle erfolgen, dann spricht man von „carrot licensing" oder in der Rolle einer Verletzungsverfolgung, dann spricht man von „stick licensing". Im ersteren Fall sollten die anzubietenden Schutzrechte technologisch möglichst interessant sein. Im letzteren Fall ist vor allem die rechtliche Validität für einen Erfolg der Strategie maßgebend. Für die verschiedenen Lizenzstrategien werden auch Schutzrechte geschaffen, die nicht sofort verwertet werden. Solche Schutzrechte werden als Vorratspatente bezeichnet (siehe Abschnitt 3.5).

- **Nichtpatentierung**

Ein weiteres Kriterium für die Anwendung einer Patentstrategie ergibt sich aus der wirtschaftlichen Einschätzung des erfinderischen Gegenstandes. In erster Linie sind dabei die erwarteten Produktionszahlen zu berücksichtigen. Ist das angestrebte Marktsegment sehr klein und sind die erwarteten Verkaufsstückzahlen sehr gering, so genügt in den meisten Fällen bereits der zeitliche Vorsprung, der durch die schnelle Markteinführung gegenüber dem Wettbewerb erreicht wird. In diesem Zusammenhang würde ein Patent wegen der über mehrere Jahre andauernden Erteilungsprozedur zu spät wirken. Bei einem Schutzbestreben im nationalen Wirtschaftsraum der Bundesrepublik Deutschland bietet dann das Gebrauchsmuster einen geeigneten Schutz. Allerdings durchläuft das Gebrauchsmuster keine Prüfprozedur wie das Patent, so dass der tatsächliche Umfang der Schutzrechtsfunktion erst im Verletzungsverfahren ermittelt wird. Für das Gebrauchsmuster ergibt sich damit eine vergleichsweise größere Rechtsunsicherheit im Hinblick auf seine Rechtsgültigkeit. Auch der Geheimhaltungsaspekt für firmeninternes Know-how spielt bei dieser „Patentstrategie" eine Rolle. Um überhaupt Verbietungsrechte zu generieren, können auch Schutzrechte um die zentralen Kern-Know-how-Anteile herum angemeldet werden.

Ein weiterer wichtiger Aspekt hinsichtlich eines Schutzbegehrens besteht in der zu erwartenden Produktlaufzeit. Dabei werden insbesondere solche Produkte vorzugsweise kopiert oder nachgeahmt, die einen langfristigen

Markterfolg erwarten lassen. Dabei werden vom Patentverletzer erkannte Mängel oder Unzulänglichkeiten des Produktes häufig bereits behoben oder abgewandelt, womit der Absatz der an sich unzulässig produzierten und vertriebenen Produkte einen zusätzlichen Schub erhält. Auf diese Ausgangssituation lässt sich am wirkungsvollsten reagieren, indem der Patentinhaber und Erstproduzent eine kontinuierliche Produktverbesserung betreibt. Parallel dazu sind die Weiterentwicklungen und gegebenenfalls gefundenen „Schlupflöcher", die in Umgehungslösungen bestehen, patentrechtlich abzusichern. Wird dagegen eine kurze Produktlaufzeit erwartet, so ist es prinzipiell günstiger, die geplanten Lösungen in der Vorbereitungszeit (Entwicklung und Fertigungsvorbereitung) möglichst lange geheim zu halten - soweit dies möglich ist.

Als Einstiegshilfe in eine solche Betrachtung der Abhängigkeiten von erwartetem Umsatz und dem Lebenszyklus des Produktes kann die folgende Tabelle dienen. Die konkreten Zahlen müssen im Einzelfall an die Unternehmensstrategie angepasst werden.

Umsatz in Mio. €	Produktlaufzeit in Jahren		
	< 3	3 - 7	> 7
< 1	nicht anmelden		
1 - 10		kritisch (ergänzende Kriterien)	
> 10			anmelden

Tabelle 3: Abhängigkeit der Schutzrechtsstrategie vom Produktlebenszyklus und der Umsatzerwartung für das Produkt.[122]

Unabhängig von Produktionszahlen und Produktlaufzeiten sollten die Ergebnisse intensiver Entwicklungsaufwendungen schutzrechtlich abgesichert werden. Die im Ergebnis einer systematischen Lösungsfindung erarbeiteten Technologien bilden letztendlich die Basis einer umfassenden patentrechtlichen Beschreibung und Beanspruchung des zukünftigen technischen Betätigungsfeldes des Unternehmens. Es schafft den erforderlichen Freiraum für die zukünftige Weiterentwicklung der Produkte.

3.4 Kosten und Nutzen: Aufbau betriebswirtschaftlicher Patentportfolios

In jedem Fall sind Patentportfolios langfristige Objekte der unternehmerischen Planung. Der Aufbau benötigt viele Jahre und dafür müssen die entsprechenden Kosten in der Unternehmensplanung berücksichtigt werden. Hinzu kommt, dass Aussagen über die Zukunft von Wettbewerbssituationen, Technologieentwicklungen, Märkten und Kundenerwartungen in einem Zeitbereich von fünf bis zehn Jahren ausgesprochen schwierig sind.[123] Daher ist die Nachhaltigkeit der Strategie wichtig. Es sollten kurzfristige Ziele von mittelfristigen Zielen getrennt werden (siehe Kapitel 2). Die Eigenschaften des Patentportfolios sollten an den unternehmerischen Zielen ausgerichtet sein und mit einem konsequenten Kostenmanagement gekoppelt werden.[124]

Für den Aufbau eines Patentbestandes sind folgende Risiken zu berücksichtigen:[125]

Wirtschaftliche Risiken

- Marktakzeptanz;
- Marktdynamik;
- Absatzchancen;
- Konkurrenzmaßnahmen;
- Verlustrisiko und Investitionsrisiko.

Technische Risiken

- Realisierbarkeit (unter anderem in einem marktrelevanten Zeitraum);
- Integrierbarkeit in das vorhandene technische Umfeld;
- Verdrängung durch technologischen Fortschritt;
- Entwicklungssprünge;
- Herstellungsprobleme.

Rechtliche Risiken

- Schutzfähigkeit;
- Unbekannter Stand der Technik und Rechtsbeständigkeit;
- Umgehbarkeit;
- Verletzungs- und Prozessrisiko;
- Schutzrechtssituation, Konkurrenzpatente und Abhängigkeiten;

- drohende Einsprüche;
- drohende Nichtigkeitsklagen.

Mit diesen Risiken verbunden sind letztlich die Kosten des Patentbestandes. Dabei sind im wesentlichen folgende Kostenblöcke bei der Patentierung und strategischen Nutzung zu berücksichtigen:

Anmelde- und Jahresgebühren (zum Beispiel)

- Amtliche Gebühren
- Anmeldegebühr,
- Recherchegebühr,
- Prüfungsgebühr,
- Erteilungsgebühr,
- Jahres-/Aufrechterhaltungsgebühr
- Ergänzende Kosten/Gebühren
- Kosten für Übersetzungen
- Anwaltskosten Inland
- Anwaltskosten Ausland
- Sachkosten wie zum Beispiel Recherchekosten

Kosten und Gebühren für Patentstreitigkeiten (zum Beispiel)

- Verfahrenskosten
- Einspruchgebühr
- Beschwerdegebühr
- Beschränkungsgebühr
- Gutachterkosten

Verwaltungskosten (zum Beispiel)

- Personalkosten
- Softwareadministration
- Softwareimplementierung und –anpassung
- Datenpflege
- Sachkosten (Hardware, Druckkosten etc.)

Für ein deutsches Patent fallen zum Beispiel erst nach dem dritten Jahr Aufrechterhaltungsgebühren in Höhe von 70 Euro beim Deutschen Patent- und Markenamt an. Diese steigen dann bis zum 20. Jahr auf 1.940 Euro an.[126] Der Verlauf dieser Kosten über die Aufrechterhaltungszeit ist in Bild 14 dargestellt.

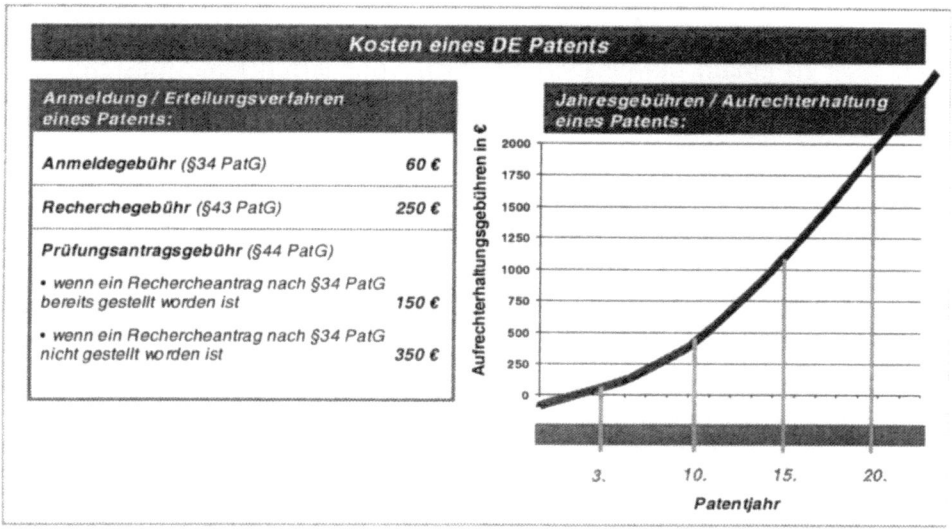

Bild 14: Verlauf der Kosten für die Aufrechterhaltungsgebühren.[127]

Für ein durchschnittliches europäisches Schutzrecht mit acht Staaten und einer Laufzeit von zehn Jahren summieren sich die direkten Schutzrechts- kosten auf knapp 30.000 Euro (siehe Bild 15).

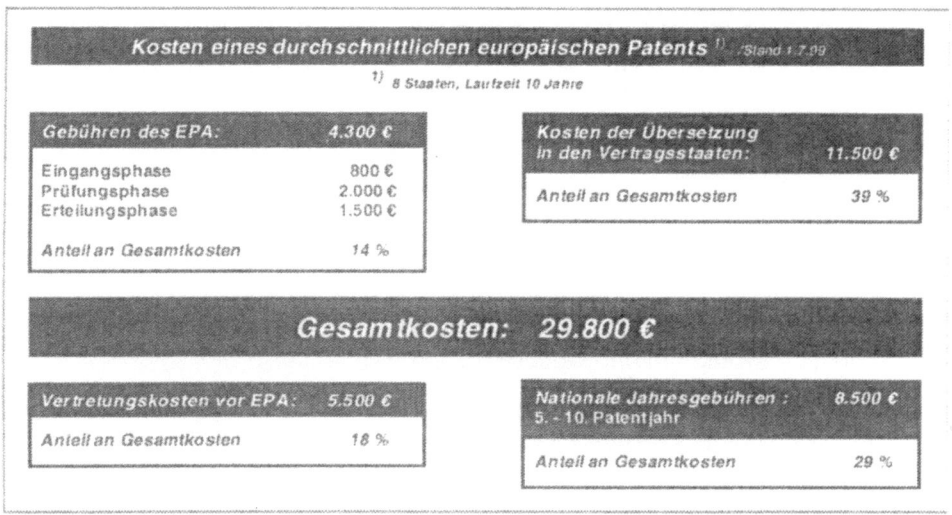

Bild 15: Kosten eines durchschnittlichen europäischen Patents.[128]

Die Kosten für das Gesamtpatentportfolio sollten in einem angemessenen Verhältnis zu den Umsätzen des Unternehmens und zu den F&E-Aufwendungen stehen. Abhängig von Branche, Wettbewerbsumfeld und Technologienutzung liegen die Kosten für das Patentmanagement typischerweise im Bereich von 5-10 Prozent des F&E-Aufwandes.[129] Die Frage ist jedoch nicht die absolute Höhe der Kosten, vielmehr ist das richtige Verhältnis zum Nutzen, oder besser zur aktiven Nutzung der Schutzrechte der Schlüssel zu einem betriebswirtschaftlich optimierten Patentbestand.

Diesen Kosten ist der Nutzen des Patentbestandes gegenüberzustellen. Dieser Nutzen wurde bereits ausführlich in den obigen Abschnitten dargestellt. Hier noch einmal kurz die wichtigsten Stichpunkte der Nutzenfunktionen für das mittelständische Unternehmen (siehe auch Abschnitt 3.5):

- Finanzieller Nutzen (zum Beispiel durch ein temporäres Marktmonopol und Lizenzeinnahmen);

- Tauschfunktion (zum Beispiel durch Kreuzlizenzen und Beteiligungskapital);

- Defensivfunktion (zum Beispiel durch Produktschutz und Sperrpatente);

- Flexibilitätsfunktion (zum Beispiel durch Vorratspatente für einen späteren Markteinstieg und die Lizenznahme von alternativen Technologien für verbesserte Produkte);

- Angriffsfunktion (zum Beispiel durch die Verfolgung von Patentverletzungen);

- Signalfunktion (zum Beispiel durch die Abschreckung des Wettbewerbs wegen der Möglichkeit einer Patentverletzung);

- Imagefunktion (zum Beispiel durch Information an Kapitalgeber und Joint-Venture-Partner oder bei hochqualifizierten neuen Mitarbeitern);

Das heißt, das betriebswirtschaftlich organisierte Patentmanagement und das unternehmerisch optimierte Patentportfolio müssen die beiden Kategorien der anfallenden Kosten mit dem potenziellen zukünftigen Nutzen in ein sinnvolles Verhältnis setzen. Der strukturierte Weg zu einem betriebswirtschaftlich optimierten Patentmanagement wird im vierten Kapitel näher dargestellt. Im Bereich der direkten Kosten für das Patentportfolio und die damit verbundenen Einsparungspotenziale sind im Grunde folgende Ansatzpunkte wichtig:

- Weniger / keine Schutzrechte anmelden;

- Weniger Länder erfassen;

- Regelmäßige Überprüfung des Bestandsportfolios;
- Streitigkeiten aus dem Weg gehen.

Aber: Einmal eingesparte Schutzrechte können nicht zurückgeholt werden! Und es gilt grundsätzlich die Nachahmungsfreiheit. Bei einer kosten-orientierten Patentstrategie muss also mit größter Sorgfalt vorgegangen werden. Eine zu rigorose oder nicht ausreichend umsichtige Kostenreduktion kann zu irreparablen Schäden im Patentportfolio und damit zu erheblichen Schwierigkeiten für das Gesamtunternehmen führen. Unüberlegte Maß-nahmen können im Patentbereich jahrelange Aufbauarbeit in kürzester Zeit vernichten.

Bei der Einzelschutzrechtsanmeldung ist vor allem das Prognoseproblem von entscheidender Bedeutung. Versäumnisse am Anfang können später alles zunichte machen.[130] Vor der Nationalisierung sollten so viele Erkenntnisse wie möglich über die relevanten Länder und Märkte, die Wettbewerber-struktur und die Wettbewerbsintensität, die Produktrelevanz und Technologie-bedeutung für das Unternehmen und spezifische Ausgestaltungsdetails des Produktes selbst gesammelt und ausgewertet werden. Nach der Nationali-sierung kann man häufig den weiteren Verfahrensprozess verlangsamen. Dies spart beziehungsweise verzögert das Auflaufen von Gebühren wie zum Beispiel Erteilungsgebühren oder Jahresgebühren. Dabei sollte über den gesamten Prozess hinweg das Kosten- Nutzenverhältnis regelmäßig für die Wirkung des Einzelschutzrechts im Gesamtportfolio neu bewertet wer-den.[131]

3.5 Erlöse aus Patenten: Patentmarketing

Unter Patentmarketing soll hier sowohl die aktive Lizenznahme von Schutz-rechten Dritter verstanden werden, als auch die aktive Vergabe von Lizen-zen auf die eigenen Schutzrechte des Unternehmens. Die am weitesten verbreitete und in nahezu jedem Unternehmen in irgendeiner Weise reali-sierte Form von Innovationsschaffung ist die Eigenentwicklung von Produk-ten. Große Unternehmen gehen bisweilen soweit, dazu eigene Forschungs- und Entwicklungsgesellschaften zu unterhalten. Beispielsweise hat die Telekom AG 1999 durch die Gründung der T-Nova Innovationsgesellschaft die Innovationsaktivitäten in einem eigenen Unternehmen gebündelt.

Wege zu innovativen Neuprodukten

Im mittelständischen Umfeld werden die Entwicklungsleistungen in der Regel in der Produktionsgesellschaft geleistet. Die Innovationsaufwendungen im Mittelstand unterschieden sich von denen der Großunternehmen. Mittelständische Unternehmen betreiben oft weniger F&E und sie betreiben F&E weniger systematisch und diskontinuierlicher. Innovationsaktiviäten kleiner Unternehmen sind vor allem Investitionen in neue Technologien, die zur Produktion der schrittweisen Neuerungen dienen, sowie Konstruktions- und Designarbeiten. Darüber hinaus ist der externe Anteil der Innovationsaufwendungen, also der Zukauf von Leistungen, in kleinen Firmen größer.

Die zweite Möglichkeit, sich innovative Produkte zu verschaffen, sind der Kauf beziehungsweise verschiedene Modelle der Beteiligung an Unternehmen. Dies sind meist sehr kleine Unternehmen, die ein Produkt entwickelt und auf den Markt gebracht haben und häufig noch am Anfang der Unternehmensentwicklung stehen. Ein Beispiel dafür ist der im ersten Abschnitt beschriebene Kauf der Ausgründung aus der Stanford University in Kalifornien, der Amati Communications durch Texas Instruments (TI). Mit diesem Einkauf in die Digital Subscriber Line (xDSL)-Technologie hat sich TI einen technologischen Marktvorteil für den 6 Mrd. US$ – Weltmarkt für xDSL-Modems, eingekauft.[132]

Die dritte Möglichkeit des Neuprodukterwerbs ist die Lizenznahme. In diesem Fall kauft das Unternehmen von einem anderen Unternehmen das Recht, ein Produkt herzustellen und zu vermarkten, zum Beispiel das Vermarktungsrecht für ein definiertes geografisches Gebiet. Es gibt aber auch andere Arten von Marktsegmentierungskriterien. Bei einer solchen Lizenznahme sind verschiedenen Lizenzarten zu unterscheiden.

Eine ausschließliche Lizenz verleiht dem Lizenznehmer das alleinige Verwertungsrecht in Bezug auf Nutzung und darüber hinaus das Recht zur Vergabe von Unterlizenzen. Bei der Vergabe einer einfachen Lizenz erhält der Lizenznehmer das Recht auf Nutzung. Alle darüber hinaus gehenden Rechte verbleiben beim Lizenzgeber. Die Lizenznahme ist insbesondere für Unternehmen, die keine oder nur sehr geringe eigene F&E-Aktivitäten unterhalten, eine Chance, schnell und effizient neue Produkte auf den Markt bringen zu können.[133]

Das Patentmarketing ist Teil des Wissens- und Technologietransfers. Gerade aus der Sicht von mittelständischen Unternehmen gibt es gute Gründe für eine nachhaltig hohe Aktivität an Technologieeinkauf:

- Wachsende Komplexität und interdisziplinärer Charakter neuer Technologien und wissenschaftlicher Disziplinen,

- hohe Wissenschaftsbindung neuer Technologien,

- wettbewerbsbedingte Verkürzung der Produktlebenszyklen,

- Suche nach neuen Produkten (Diversifikation),
- Beobachtung komplementärer und substitutiver Technologien und Märkte.

Der Lizenzmarkt

Die Technologieentwicklungsgruppe der Fraunhofer-Gesellschaft in Stuttgart hat bei einer Umfrage in mittelständischen Unternehmen festgestellt, dass hier 43 Prozent der erteilten Patente nicht genutzt werden, obwohl sie wirtschaftlich durchaus verwertbar wären. In Deutschland sind somit Entwicklungsinvestitionen von 75 – 110 Mrd. Euro wirtschaftlich nutzbar und auch zum Beispiel über Lizenzierung handelbar.[134] Die Max-Planck-Gesellschaft konnte zum Beispiel durch die Vergabe von Lizenzen auf das eigene Patentportfolio 1999 Verwertungsgewinne in Höhe von rund 15 Mio. Euro erwirtschaften.[135] Daß sich die nachhaltige Investition in Entwicklung und eine aktive Lizenzpolitik auch in schwierigen Zeiten positiv für Unternehmen auswirkt, lässt sich anhand von Bild 16 für den Technologiekonzern Texas Instruments aufzeigen.

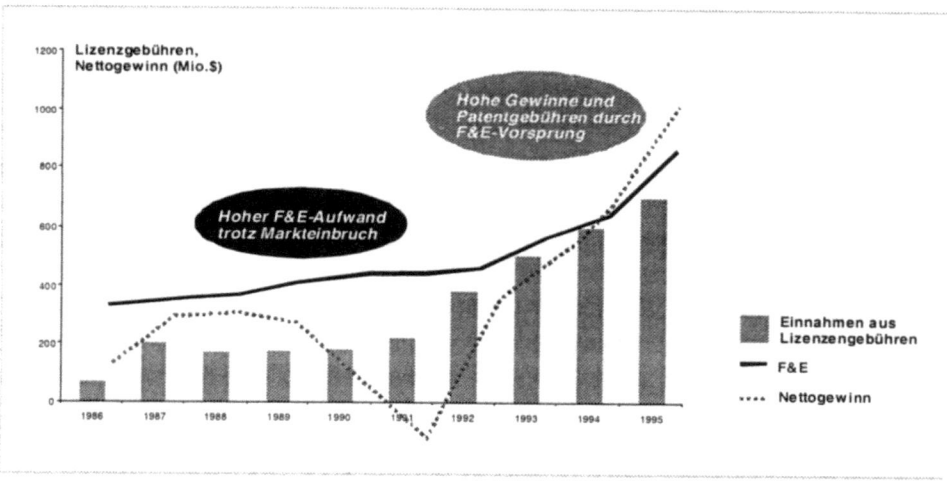

Bild 16: Einnahmen aus Lizenzgebühren bei Texas Instruments.[136]

In der Darstellung von Bild 16 ist gut zu erkennen wie Texas Instruments trotz der schwierigen Ertragslage in den Jahren 1988 bis 1992 an den Investitionen in Forschung und Entwicklung festgehalten hat. Dies wurde durch die Erlöse aus den Lizenzgebühren, die 1992 sprunghaft angestiegen sind, belohnt. Auch weltweit wächst der Markt für Lizenzen enorm an. Waren es Anfang der 1990er Jahre noch etwa zehn Mrd. US$ die international gehandelt wurden so wird für das Jahr 2010 schon ein weltweites Volumen von 350 bis 400 Mrd. US$ erwartet. Bis jetzt treffen die Prognosen zu (siehe Bild 17).[137]

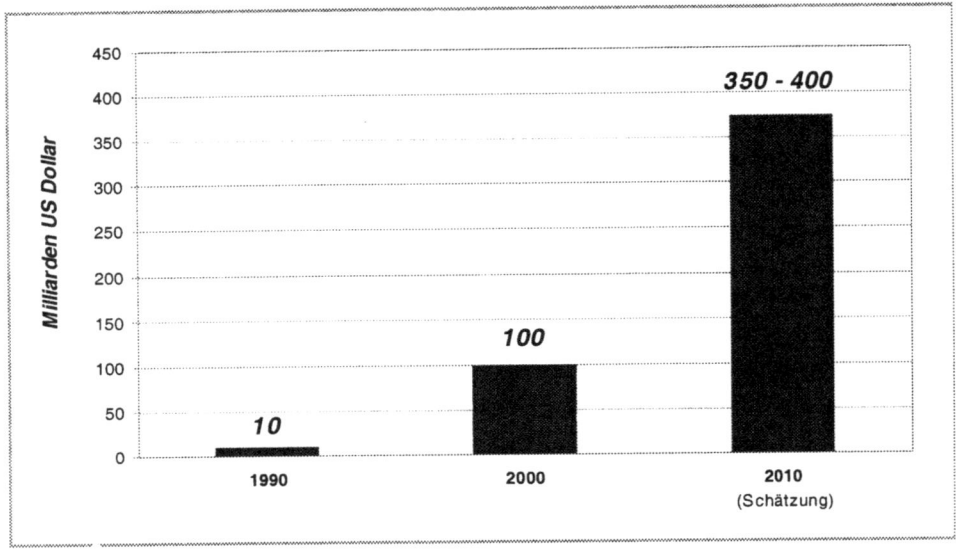

Bild 17:   Weltweite Entwicklung der Lizenzeinnahmen.[138]

Leider hat insbesondere die Wirtschaft in Deutschland als Exportweltmeister und drittgrößter Patentanmelder keinen angemessenen Anteil an diesem Weltmarkt für Lizenzen.[139] Wie in Bild 18 dargestellt, sind in Deutschland die Ausgaben für Lizenzen sogar höher als die Einnahmen. Ganz im Gegenteil dazu die Situation in den USA. Dort werden für jeden US-Dollar, der für Lizenzgebühren ausgegeben wird, knapp drei US-Dollar eingenommen. Für die deutschen Unternehmen ergibt sich hier ein enormer Nachholbedarf in der wirtschaftlichen Aktivierung der eigenen technologischen Kompetenzen durch die Vergabe von Schutzrechtslizenzen.[140]

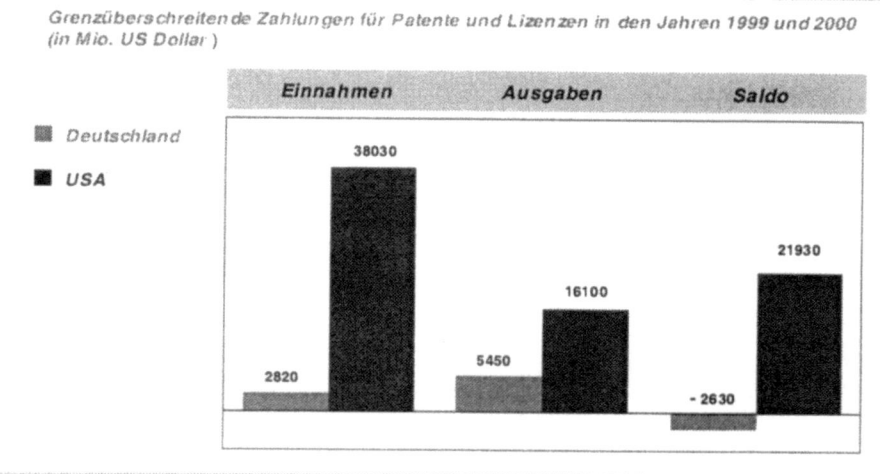

Bild 18: Vergleich der Zahlungsbilanzen für Lizenzen in Deutschland und USA.[141]

Lizenzen aus wirtschaftlicher und unternehmerischer Sicht

Je nach Umfang des eingeräumten Nutzungsrechts vom Lizenzgeber (LG) an den Lizenznehmer (LN) unterscheidet man in der Praxis folgende Arten von Lizenzen:[142]

- Ausschließliche Lizenz
  (Auch: Exklusive Lizenz, das Nutzungsrecht am lizenzierten Gegenstand gehört ausschließlich dem LN; der LG hat keine weiteren Verwertungsrechte mehr);

- Alleinige Lizenz[143]
  (Im Gegensatz zur ausschließlichen Lizenz behält sich der LG ein Nutzungsrecht am patentierten und lizenzierten Gegenstand ein);

- Einfache Lizenz
  (In diesem Fall gibt es mehrere LN mit Nutzungs- und Verwertungsrechten);

- Kreuz-Lizenzierung
  (Dies ist der Fall von gegenseitiger Lizenzierung von Technologien. Der LG räumt dem LN ein Nutzungsrecht an einer seiner Technologien ein und erhält im Gegenzug eine Lizenz an einer Technologie des LN).

Die ausschließliche und die einfache Lizenz sind die beiden am häufigsten vorkommenden Lizenzarten. Einige wesentliche Unterschiede sind in der Tabelle 4 dargestellt:

Arten von Lizenzen	Exklusive	Einfache
Nutzungsrecht	LN (alleine)	LN (und andere)
Verteidigungsrecht	LN	LG
Unterlizenz durch den LN	+	-

Tabelle 4: Vergleich von exklusiver und einfacher Lizenz.

Ein wesentlicher Unterschied zwischen exklusiver und einfacher Lizenz ist, dass bei der exklusiven Lizenz eine Vergabe von Unterlizenzen durch den Lizenznehmer möglich ist. Das heißt, der Lizenznehmer vergibt wiederum eine Lizenz von seiner Lizenz an andere Personen oder Unternehmen, die sog. Unterlizenznehmer. Gegenstand von Lizenzverträgen über technische Schutzrechte können dabei sein:

- Deutsche, europäische und internationale Patente und Gebrauchsmuster;
- zum Patent oder Gebrauchsmuster angemeldete Erfindungen;
- Marken und Urheberrechte;
- Know-how und Geschäftsgeheimnisse.

Eines der Ziele von Lizenzvereinbarungen ist die Nutzung bzw. wirtschaftliche Umsetzung des technischen Gegenstandes beim Lizenznehmer. Dazu ist häufig noch mehr Wissen notwendig als der Anteil, der im Patent geschützt ist. Daher wird bei den meisten Lizenzverträgen neben dem technischen Schutzrecht auch das entsprechende Know-how mitlizenziert; man spricht in diesem Sinne von einem gemischten „Patent/Know-how-Lizenzvertrag. Unter Know-how versteht man das nicht durch Schutzrechte gesicherte (betriebliche) Erfahrungswissen.[144] Das vertragliche Know-how ist geheim, wesentlich und identifizierbar (zum Beispiel durch Dokumente, Zeichnungen, Betriebsanleitungen). Im Gegensatz dazu sind Universalkenntnisse öffentlich, auch wenn sie nur in bestimmten Technologiebranchen bekannt sind.

Geheimes Know-how verleiht dem Inhaber einen Wissensvorsprung bzw. Wettbewerbsvorteil gegenüber seinen Konkurrenten. Es stellt für ihn einen erheblichen Vermögenswert dar. Es liegt daher im Interesse des Lizenzgebers, dieses Know-how bei den Vertragsverhandlungen und beim -abschluss durch entsprechende Geheimhaltungsvereinbarungen zu sichern.

Lizenzen für Produktinnovationen

Bei der Bewertung möglicher Wege zur Produktinnovation wird bei einem Vergleich der oben beschriebenen Möglichkeiten schnell deutlich, wo die besonderen Vorteile einer Lizenznahme liegen. Im Vergleich zu der eigenen Entwicklungsarbeit und dem Kauf eines Unternehmens mit dem gewünschten Produkt, sind die Auswahlmöglichkeiten an geeigneten Technologien bzw. Produkten sehr hoch und in der Regel fein gegliedert. Die Erfolgsgewissheit ist groß, da sich der Lizenznehmer vor der Vertragseinigung über die Funktionalität in Kenntnis setzen kann. Auch ist die Zeitspanne bis zum Markteintritt relativ kurz. Diese ist selbstverständlich abhängig vom Entwicklungsstand des Produktes beim Lizenzgeber. Von diesem Entwicklungsstand bzw. gegebenenfalls noch notwendigen Marktanpassungen ist auch die Größe der realisierbaren Kosteneinsparungen beim LN abhängig. Für die wirtschaftliche Betrachtung sehr wichtig ist die Möglichkeit das Kostenrisiko erst nach dem eigentlichen Markteintritt, mit dem Produkt zu haben und insofern die Vorlaufkosten zu minimieren. Das eigentliche Kostenrisiko im Falle von Umsatz- oder Stückzahllizenzen ist sehr niedrig. In Tabelle 5 sind diese Vergleiche für die Alternativen der eigenen Entwicklung und den Unternehmenskauf zusammenfassend dargestellt.

Kriterien	Eigene F&E	Unternehmenskauf	Lizenznahme
Auswahlmöglichkeit	Mittel	Begrenzt	Sehr groß
Erfolgsgewißheit	Mittel	Groß	Groß
Zeitspanne bis zum Markteintritt	Lang	Null	Kurz
Möglichkeit zur Kosteneinsparung	Gering	Sehr groß	Groß
Zeitpunkt der Hauptkosten	Lange vor dem Markteintritt	Kurz vor dem Markteintritt	Nach dem Markteintritt

Tabelle 5:   Vergleich von Wegen zur Produktinnovation.

Vergleicht man den klassischen Weg der Eigenentwicklung von neuen Produkten (siehe Bild 19, oben) mit den Möglichkeiten der Lizenzierung (siehe Bild 19, unten) so wird der wirtschaftliche Vorteil im Sinne der erheblich geringeren Vorlaufkosten sowie die Gegenfinanzierung durch Verwertungserlöse deutlich. Insgesamt werden die Aufwendungsverläufe geglättet und es entsteht kein so großer Finanzierungsbedarf.

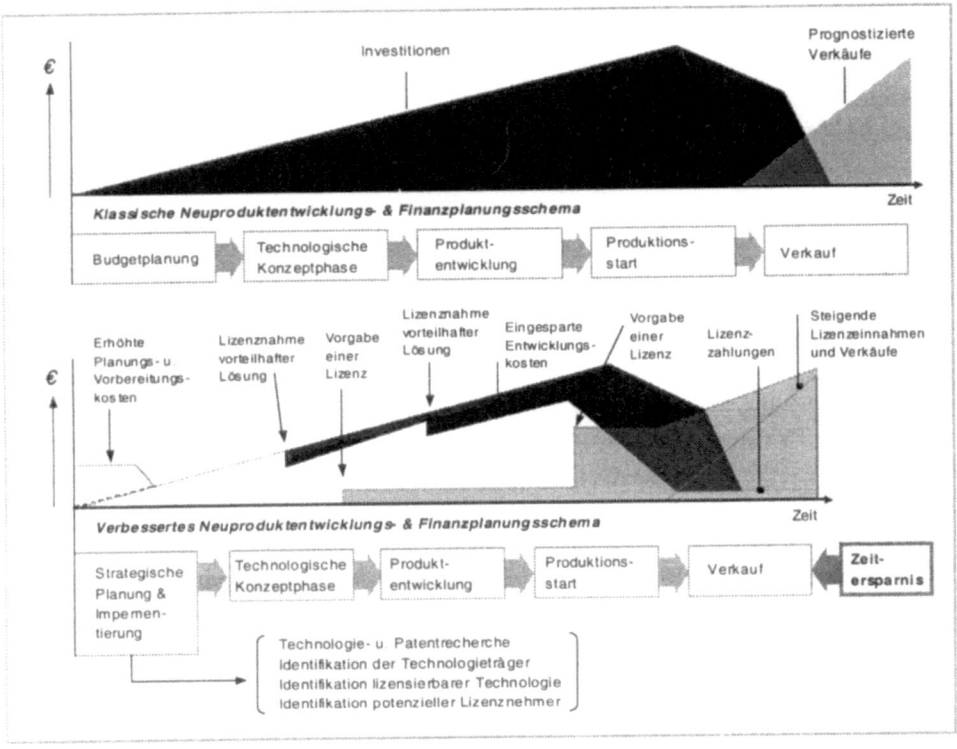

Bild 19: Vergleich der Entwicklungskosten zwischen klassischem
Finanzierungsverlauf und der Nutzung von Lizenzpotenzialen.[145]

Für die Unternehmen sollte die Vergabe von Lizenzen auf eigene Technologien
und die Nutzung der Lizenzangebote von Dritten eine unternehmerische
und betriebswirtschaftliche Entscheidung mit einer klaren Kosten-Nutzen-
Struktur darstellen. Die wichtigsten Nutzenanteile bzw. Risiken für die
Unternehmen bei der Lizenzierung sind in Tabelle 6 zusammenfassend
dargestellt:

Die Risikopotenziale für den Lizenzgeber können durch eine gezielte
wettbewerbsneutrale Lizenzstrategie minimiert werden. Dabei werden
Lizenzen nicht innerhalb der eigenen Wettbewerbsstruktur vergeben, sondern in wettbewerbsneutrale Bereiche. Dies können als Lizenznehmer
Unternehmen sein, die zum Beispiel in anderen Märkten oder anderen
Regionen aktiv sind oder die zwar analoge technologische Bedürfnisse mit
dem Lizenzgeber haben und daher ein Interesse an einem Technologiezugang haben, aber mit diesem Know-how andere Produkte in alternativen
Branchen vermarkten.

	Risikopotenziale	Nutzenpotenziale
Lizenzgeber	• Wettbewerb • Verlust eines Vorteils • Weniger Gewinn	• Geringeres Risiko • Größerer Markt • Erhalt besserer Technologie
Lizenznehmer	• Keine eigenen F&E-Leistungen • Keine eigene Forschung • Abhängigkeit vom LG	• Billiger Markteinstieg • Neue Märkte und Kunden • Wettbewerbsvorteil

Tabelle 6: Vergleich der Risiko- und Nutzenpotenziale für eine Lizenzstrategie.

Lizenzen im Patentmanagement

Die aktive Nutzung von Lizenzen im Patentmanagement bietet dem Lizenzgeber die Chance der direkten Erzielung von Erlösen über Lizenzeinnahmen
aus dem unternehmenseigenen Know-how. Dadurch lässt sich das Patentmanagement im Rahmen einer Profit-Center-Struktur aufbauen.[146] Den
Kosten des Patentmanagements (siehe Abschnitt 3.4) stehen direkt Einnahmen aus der Lizenzvergabe entgegen. Darüber hinaus ist es möglich, durch
die Vergabe von Lizenzen strategische Partnerschaften entlang der vertika-
len Wertschöpfungskette hin zu Zulieferern oder zu Produktabnehmern
bzw. Weiterverarbeitern zu initiieren. Ebenso können horizontale Partnerschaften zum Beispiele zur Erschließung neuer Marktregionen aufgebaut
werden. Neben solchen wettbewerbsstrukturierenden Lizenzvergaben ist
auch die Möglichkeit gegeben, in alternativen Märkten und Branchen, die
nicht vom Lizenzgeber bearbeitet werden, wettbewerbsneutral zu verwerten. Zusammenfassend ergibt sich folgende Übersicht von Chancen für die
Verwertung von Schutzrechten:

• Erzielung von Lizenzeinahmen;

• Patentmanagement als Profitcenter;

• Aufbau strategischer Partnerschaften;

• Wettbewerbsneutrale und wettbewerbsstrukturierende Lizenzierung.

Diesen Chancen stehen Schwierigkeiten in der Umsetzung gegenüber.
Zunächst ist dies die mangelnde Transparenz des Marktes für Schutzrechte
und Technologie. Neben den Internetangeboten und WWW-Portalen, die in
der Praxis kaum eine Rolle spielen, gibt es Vermittler von Schutzrechten, die
für Lizenzgeschäfte zur Verfügung stehen.[147] Darüber hinaus ist es für eine
erfolgreiche Verwertung von Technologie häufig notwendig, nicht nur

Patente sondern auch zusätzliches Know-how oder ganze Schutzrechts-portfolios anzubieten, um den Lizenznehmer in die Lage zu versetzen, den angebotenen Lizenzgegenstand auch tatsächlich wirtschaftlich umzusetzen. Zusätzlich gibt es bei den Lizenznehmern, insbesondere bei technologisch hochentwickelten mittelständischen Unternehmen, nicht selten eine gewisse psychologische Barriere zur Nutzung von Technologien Dritter. Dieser Effekt wird auch als der „not invented here (NIH) – Effekt" bezeichnet.[148] Zusammenfassend ergibt sich folgende Übersicht von Schwierigkeiten für die Verwertung von Schutzrechten:

- Mangelnde Transparenz (Markt und Technologie);
- Verwertung von Portfolios (Kohärenz);
- Verkauf von Patenten (Anbieter) aber Kauf von Technologie (Abnehmer);
- Psychologische Barrieren („not invented here").

In der praktischen Umsetzung gibt es zwei grundsätzlich zu unterscheidende Lizenzierungsstrategien. Hier wird gerne das Bild eines Eseltreibers und seines Esels verwendet. Der Treiber kann den Esel freundlich mit einer Karotte zum Laufen bringen. Dann entspricht die Karotte dem Anreiz also zum Beispiel dem angebotenen Patentasset – man spricht von „Carrot-Licensing". Im anderen Fall wird der Esel durch äußere Gewalt durch die Verwendung eines Stocks zum Laufen gebracht. Diese äußere Gewalt ist im übertragenen Sinn zum Beispiel die Androhung einer Patentverletzungsklage – man spricht in diesem Fall von „Stick-Licensing".

Carrot-Licensing

Carrot-Licensing ist eine Vergabe von Lizenzen auf Technologien und die damit verbundenen Wettbewerbsvorteile auf der Basis von Patenten. Dabei ist der nutzbare Wettbewerbsvorteil entscheidend für die erfolgreiche Lizenzvergabe. Bei Carrot-Licensing ist die wesentliche Frage, ob die zu lizenzierende Technologie (und nicht das Patent) den Lizenznehmer in die Lage versetzt, ein neues, besseres oder billigeres Produkt in den richtigen Märkten anzubieten. Die daran anschließenden Fragen sind die Zeitdauer bis zur Realisierung, die zu berücksichtigenden Realisierungskosten, und die Wahrscheinlichkeit für einen Erfolg des Produktes. Das Patent ist also nur die Basis für den Lizenznehmer, um den Wettbewerbsvorteil zu erlangen. Zusammenfassend sind bei der Anwendung der Carrot-Licensing-Strategie folgende Fragen wichtig:

- Kann durch das Patent ein Wettbewerbsvorteil beim LN umgesetzt werden?

- Wie groß ist die Zeitdauer bis zur Realisierung des Wettbewerbsvorteils?
- Wie hoch sind die Realisierungskosten?
- Wie hoch ist die Wahrscheinlichkeit für den Realisierungserfolg?

Carrot-Licensing ist ein freundlicher Prozess – ein Verkaufsprozess – der Lizenznehmer muß von den Vorteilen der Lizenznahme überzeugt werden. Es gilt für den Lizenzgeber das NIH-Syndrom beim Lizenznehmer zu überwinden. Das NIH-Syndrom hat häufig einen technologischen Hintergrund. Es sind also betriebswirtschaftliche Argumente für die Lizenznahme den technischen Argumenten vorzuziehen. Solche Argumente für eine Lizenznahme können sein:

- Erhöhung des Marktanteils;
- Stärkung der Wettbewerbsposition;
- Vergrößerung der Produktionskapazitäten;
- Reduzierung der Produktionskosten;
- Zutritt zu neuen Märkten;
- Verbreiterung der Produktlinie;
- Investition in eine ausgereifte und geschützte Technologie;
- Verkürzung des Zeitraums bis zum Marktauftritt;
- Senkung der eigenen F&E-Kosten.

Der Zeithorizont für den freundlichen Verkaufsprozess Carrot-Licensing ist im Bereich von sechs bis 18 Monaten. Dies kann aber auch durchaus heißen, dass im konkreten Einzelfall die Verhandlungen sich über mehr als zwei Jahre hinziehen oder dass bei einem akuten großen Bedarf des Lizenznehmers der Vertrag innerhalb von vier Wochen zustande kommt.

Stick-Licensing

Die Lizenzstrategie des Stick-Licensing funktioniert über die Patentverletzung. Sobald man eine Patentverletzung vermutet, wird der Patentinhaber den potenziellen Verletzer auf die Verletzung aufmerksam machen und eine Lizenz anbieten. Das Stick-Licensing ist ein anwaltsintensiver Prozeß. Es muß unter anderem die Validität des Patents intensiv überprüft werden. Es bedarf in der Regel einer Klageandrohung und eventuell einer Klageschrift. Darüber hinaus ist es oft notwendig, dem potenziellen Verletzer die Finanzierung von möglicherweise langwierigen gerichtlichen Auseinandersetzungen nachzuweisen.

Das Angebot aus einer Stick-Licensing-Aktivität ist beim potenziellen Lizenznehmer nicht willkommen. Lizenzangebote werden in der Regel vom potenziellen Lizenznehmer so lange wie möglich ignoriert. Es wird das entsprechende Patentrecht angezweifelt und mit einer Gegenklage auf Nichtigkeit des Patents gedroht. Das Stick-Licensing ist ein langsamer, unfreundlicher, aggressiver, unsicherer, teurer, und rechtslastiger Prozess. Für einen Erfolg dieses Weges ist es wichtig, die Marktentwicklungen sehr genau zu beobachten. Auch ist der Ruf des Lizenzgebers im Sinne des Durchsetzungswillens seiner Rechte wichtig. Als Spielart des Stick-Licensing kommt auch der Verkauf von Verletzungspatenten an wirtschaftlich potente und mit spezifischen Know-how ausgestattete Verwertungsunternehmen infrage, die damit diesen einen Marktvorteil für sich umsetzen. Dieser Weg ist jedoch gerade bei großen potenziellen Käufern zum Teil durch Kreuzlizenzvereinbarungen mit Dritten erschwert. Der Zeithorizont für Stick-Lincensing geht von zwölf Monaten bis zu mehreren Jahren. Insbesondere bei gerichtlichen Auseinandersetzungen können die Zeiträume bis zu einem wirtschaftlichen Erfolg sehr lang werden.

3.6 Schlanke Strukturen: Kostenoptimierung im Patentmanagement

Die in den Abschnitten 3.1 bis 3.5 dargestellten Möglichkeiten des Patentmanagements müssen in mittelständischen Dimensionen umsetzbar sein. Daher sind straffe Organisation und geringer personeller Aufwand bei gleichzeitig hoher Effizienz notwendig. In Bild 20 sind die einzelnen Wertschöpfungsschritte von der F&E (Abteilung) bis zur Verwertung der Patente dargestellt. Dabei wird von folgenden betrieblichen Prozessen ausgegangen: Entwicklung (Schaffung der Grundlagen für Innovation), Innovationsprozess (Erfinderische Tätigkeit zur wirtschaftlichen Umsetzung), Schutzrechtsanmeldung (Betreuung der Anmeldungen bis zur Erteilung einschließlich der Durchsetzung gegenüber Dritten), Portfoliomanagement (Pflege des Schutzrechtsbestandes und kontinuierliche Optimierung des Patentportfolios), Reporting (Berichtswesen und Controlling der wichtigsten Kenngrößen des Patentbestandes) und abschließend die wirtschaftliche Umsetzung durch Verwertung der Schutzrechte.

	F&E	Innovation	Anmeldung	Patentmanagement	Reporting	Verwertung
Kosten	Doppelforschung geringes Entwicklungspotential	geringe technologische Relevanz geringe Applikationspotenziale	Unzureichende Schutzrechtsabdeckung expansive Länderstreuung	Ungenutzte Bestandsschutzrechte Effizienzpotenzial Administration Risikopotenzial	mangelnde Kostentransparenz kein systematisiertes Reportingwesen und Controlling	Einzelverwertung geringe Systematik
Einsparungen	F&E-Steuerung Stand-der-Technik Informationen	Relevanzeinschätzung	optimierter Anmeldebereich Portfoliofokussierung	Portfolioreduktion Risikosteuerung Controlling	managementorientierte Reporting- und Controlling-strukturen	technologieorientierte und applikationsorientierte Verwertung Verwertungsportfolios
	[10 %]	[5 %]	[5 %]	[15 %]	[5 %]	[10 %]

Bild 20: Betriebswirtschaftliche Prozessanalyse im mittelständischen Patentmanagement. Quelle: NATIF GmbH, München © 2004.

In Bild 20 sind in der oberen Tabellenhälfte die versteckten Kostenanteile dargestellt, die durch nicht ausreichend effiziente Prozesse für die Unternehmen in der Praxis auflaufen. Gleichzeitig sind in der unteren Tabellenhälfte die zugeordneten Möglichkeiten für häufig realisierbare Einsparungen dargestellt. Wesentliche Teile davon werden in dem im Anschluss (siehe Kapitel 4) erläuterten Prozess „Patent-for-Profit" zur Profitabilisierung von Patentportfolios umgesetzt.

Ein konsequentes und systematisches Patentmanagement führt zu einem größeren Unternehmenserfolg:[149]

- Die Patentportfolios von Unternehmen mit intensivem Patentmanagement schützen einen größeren Teil der eigenen Produkte und haben eine stärkere Wirkung auf die Wettbewerber. Diese „Patent-Management-Leader" haben eine höhere Umsatzrendite als Unternehmen mit weniger intensivem Patentmanagement;

- Aufwendungen für Forschung und Entwicklung führen zwar zu Umsatzsteigerungen, im Durchschnitt führen Innovationen aber erst durch ein systematisches Patentmangement zur Steigerung der Umsatzrendite.

Die organisatorischen Komponenten des Patentmanagements im Rahmen der betrieblichen Möglichkeiten eines mittelständischen Unternehmens bestehen neben dem Verantwortlichen für das Patentmanagement und den ihm zugeordneten Ressourcen in der Leitungsfunktion aus einem Patentmanagement-Komitee. Dieses Komitee ist für die Leitung des Patentmanagements und die Kommunikation in die Geschäftsführung verantwortlich. In den regelmäßigen Meetings wird der jeweilige Stand des Patentmanagements sowie der Stand von Einzelmaßnahmen dargestellt und als Report an die Geschäftsleitung sowie das Management mitgeteilt. Insbesondere ist die Implementierung eines ausreichend leistungsfähigen Informationssystems zum Patentmanagement für ein effektives Arbeiten unerläßlich. Mit diesem Informationssystem werden die Teilnehmer des Patentmanagement-Komitees sowie die führenden Entwickler über die Kenngrößen des Patentportfolios informiert. Die personelle Struktur des Patentmanagement-Komitee ist, abhängig von der Unternehmensgröße, durch Vertreter der Geschäftsleitung, der Entwicklungsabteilung, dem Marketing, der Patentabteilung sowie dem betreuenden Patentanwalt gekennzeichnet.

Damit wird ein systematisches und konsequentes Umsetzen des Patentmanagements ermöglicht. Diese Umsetzung ist eine der Schlüsselkomponenten für den Unternehmenserfolg im technologieorientierten und innovationsstarken Mittelstand. Der Weg zum erfolgreichen Patentmanagement wird im nächsten Kapitel ausführlich am Praxisbeispiel dargestellt.

4 Der Weg zum erfolgreichen Patentmanagement: Patents-for-Profit

4.1 Zielsetzung

Anfang der 1990er Jahre gab der amerikanische Chemieriese Dow Chemical für seine weltweiten Forschungs- und Entwicklungsaktivitäten rund 1 Mrd. US$ pro Jahr aus. Gemessen an diesen enormen Ausgaben gab es in der Führung nur sehr wage Erkenntnis über den Return on Investment zu diesen Aufwendungen. Der Vorstand verlangte nach konkreten Vorschlägen zur Kostenreduktion und Ertragssteigerung. Ganz nach dem schon an anderer Stelle zitierten Siemens-Motto sollte nun mit weniger Geld Wissen und damit technologisches Know-how produziert werden und der Fokus auf den zweiten Teil der Zitats gelegt werden: Mit Innovationen Geld verdienen.

Dow Chemical legte ein Patent-Audit Programm auf. Im wesentlichen eine umfangreiche Portfolioanalyse gefolgt von einem Profitabilisierungsschritt der den Patentbestand schlanker machte und Erlöse aus den Schutzrechten erzielten sollte. Dabei wurden in 15 Geschäftsbereichen über 29.000 Schutzrechte diesem Prozess unterzogen. Insgesamt konnten bereits Ende 1994 jährliche Einsparungen von 50 Mio. US$ verzeichnet werden und gleichzeitig ließen sich die Lizenzeinnahmen auf 125 Mio. US$ pro Jahr steigern.[150] Dieses Projekt war eines der ersten großen Patentprogramme, die mit einer hohen Systematik in einem großen Weltkonzern zu so erheblichen wirtschaftlichen Erfolgen geführt haben. In der Folge wurden viele solche Programme durchgeführt. So wird zum Beispiel auch von IBM die Steigerung der Lizenzerlöse innerhalb der letzten zehn Jahre von 30 Mio. US$ auf fast 1 Mrd. US$ jährlich gemeldet.[151] Die Großunternehmen gehen diesen Weg der Patentprofitabilisierung, um die kontinuierlich steigenden Entwicklungskosten für neue Produkte und Technologien über die Vermarktung der Patente schneller zu amortisieren.[152]

In der Folge ist diese Vorgehensweise auch vom Mittelstand als betriebswirtschaftlich sinnvoller Weg zur Senkung der relativen Kosten des Patentmanagements - bezogen auf die gesamte Entwicklungskosten - und zur Steigerung des betriebswirtschaftlichen Nutzens der Schutzrechte erkannt worden.[153] Im Sinne einer betrieblichen Wertschöpfungskette von der Schaffung der Schutzrechte durch die Bereiche F&E, Innovation und Patentanmeldung über den Bereich des Patentmanagements und des Reportings bis hin zur wirtschaftlichen Nutzung der Schutzrechte lässt sich dieser Prozess im technologieorientierten und innovativen Unternehmen umsetzen.

Die nachfolgende Checkliste gibt Hinweise auf die aktiven Nutzungs-
möglichkeiten eines mittelständischen Patentportfolios und des Patentmanagements im Unternehmen. Sollte bei der Beantwortung der Fragen
häufig eine unklare Vorstellung von der aktuellen Unternehmenssituation
auftreten herrscht Handlungsbedarf im Patentmanagement.

Checkliste: Betriebswirtschaftliche Nutzung des Patentportfolios

(1) Werden im Unternehmen die Patentfunktionen (Anmeldungen, Verwaltung, Verletzung) durch ein regelmäßiges
Reporting & Controlling überwacht?

(2) Gibt es ein Reporting für die Geschäftsführung über den wirtschaftlichen Stand des Patentportfolios (Marktsituation,
Wettbewerbsvorteile, Risikosituation in F&E und Produktion)?

(3) Findet ein kontinuierlicher Abgleich zwischen der Unterneh-
mens- und der Patentstrategie statt?

(4) Wird die F&E-Abteilung mit Innovationsunterstützung durch
Patentliteratur und Patentanalyse versorgt?

(5) Wird die Marketingabteilung mit Informationen über
Wettbewerbstechnologien und Wettbewerbsstrategien sowie
Marktanalysen aus der Patentliteratur versorgt?

(6) Erhält die Patentabteilung regelmäßig Informationen aus dem
Vertrieb über mögliche Patentverletzungen? – Wird diesen
Hinweisen konsequent nachgegangen?

(7) Wird die Produktion kontinuierlich über die Nutzung optimaler
Verfahren und Prozessinnovationen aus der Patentliteratur
informiert?

(8) Steht der Finanzabteilung eine fortlaufende Bewertung des
Schutzrechtsportfolios zur Verfügung?

(9) Wird der Wert des Patentportfolios als Unternehmenswert
gegenüber Investoren und Fremdkapitalgebern kommuni-
ziert?

(10) Dienen Schutzrechte aktiv als Finanzierungsgrundlage und in
der Bonitätseinschätzung der Banken?

In Bild 21 ist die Wirkung der Profitabilisierung eines Patentportfolios als Schemadiagramm dargestellt. Diese Abbildung stellt auch gleichzeitig das Ziel des Patentmanagements dar. Der erste Ansatzpunkt ist dabei die konsequente Senkung der relativen Kosten des Patentmanagements zu den F&E-Kosten. Der zweite Ansatzpunkt ist die aktivere Nutzung des Schutzrechtsbestandes, um damit die betriebswirtschaftliche Wirkung zu heben. Durch diese beiden Ansätze gelangt der Patentmanagementprozess in den Bereich des wirtschaftlich optimierten Patentportfolios. In diesem Bereich überwiegt der Nutzen die relativen Kosten und führt damit zu einem positiven Ergebnisbeitrag für das Unternehmen.

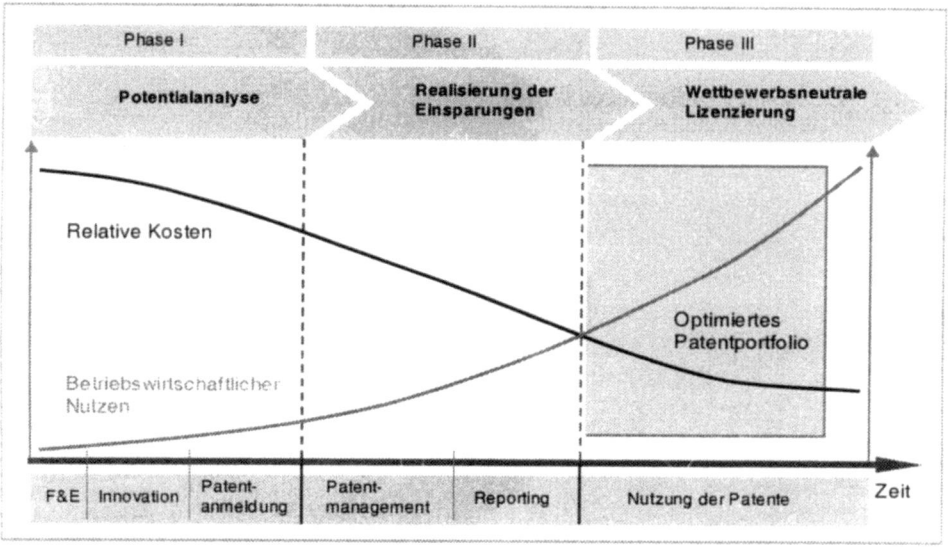

Bild 21: Schematische Darstellung der Kosten-/Nutzenkurven bei der Implementierung eines konsequenten betriebswirtschaftlich orientierten Patentmanagements. Der Bereich des optimierten Portfolios wird erst durch die aktive Nutzung des Schutzrechtsportfolios erreicht.[154]

Mit einem klar strukturierten Drei-Phasen-Modell lassen sich die betriebswirtschaftlichen Potenziale des Patentportfolios heben und damit die formulierten Ziele des Patentmanagements in der mittelständischen Praxis umsetzen. Der erste Schritt der Umsetzung erfolgt im Rahmen der Potenzialanalyse, also der Aufstellung der wirtschaftlichen Situation des Patentportfolios zur Ableitung von Maßnahmen zur Profitabilisierung. Dabei werden die möglichen Einsparungen den Verwertungserlösen gegenübergestellt. In der zweiten Phase werden die Einsparungen konsequent realisiert. Damit werden die Möglichkeiten der dritten Phase, also der Erlöserzielung u.a. durch wettbewerbsneutrale Vergabe von Lizenzen gesteigert. Durch diese Phasen werden die Ziele der Kostensenkung und der Nutzensteigerung, wie in Bild 21 dargestellt, durch das Patentmanagement umgesetzt.

4.2 Potenzialanalyse

Die Potenzialanalyse dient dazu, den aktuellen Stand des Schutzrechtsbestandes zu bewerten und die zukünftigen Entwicklungsmöglichkeiten einzuschätzen. Wesentlich dabei ist die ganzheitliche und übersichtliche Darstellung möglichst des gesamtem Patentbestandes. Aufbauend auf dieser Analyse kann eine Diskussion über die abzuleitenden Entscheidungen für das Patentmanagement und weitergehende unternehmerische Entscheidungen auf fundierter Basis erfolgen.

Für diese Potenzialanalyse bietet sich das Werkzeug der Portfoliotechnik an. Portfolios werden angewendet, um eine Vielzahl von Objekten mit analogen charakteristischen Eigenschaftsbereichen (wie zum Beispiel Schutzrechte) einheitlich zu analysieren. Allen Portfolio-Anwendungen ist eine Abfolge von Verdichtungen zweier Haupteinflussbereiche mit anschließender ganzheitlicher Visualisierung in einem Koordinatensystem gemeinsam.[155] Dabei wird der Begriff Portfolio ebenso für die in der Regel zweidimensionale Darstellung der Analyse (siehe Bild 22) wie auch für den eigentlichen Bestand an Schutzrechten des Unternehmens verwendet.

Patentportfolios stellen somit ein Werkzeug zur Unterstützung der strategischen Planung des Unternehmens auf der Basis einer Aufbereitung und Verdichtung von Patentinformationen dar[156]. Die Patentportfolioanalyse betrachtet Patente als Objekte, die den Unternehmenserfolg sowohl direkt als auch indirekt fördern können.[157] Die ganzheitliche Beurteilung der Patente soll aufzeigen, ob die Geschäftsfelder und Technologien des Unternehmens angemessen abgesichert sind und wo patentpolitisches Handeln besonders geboten ist, um die Voraussetzungen des Erfolges zu stärken. Solche Portfolioanalysen sind nicht Abschluss von Strategieüberlegungen sondern sie bilden eine systematisierte Aufbereitung der Ist-Situation, um Problem- und Handlungsfelder für das Management darzustellen.[158] Hinter Patentportfolios stehen Wirtschaftlichkeitsüberlegungen wie zum Beispiel die Frage, ob sich ein Patentschutz für eine konkrete Erfindung überhaupt lohnt[159] oder - wie im weiter unten vorgestellten Patentportfolio - welche Maßnahmen das Patentmangement zur Profitabilisierung des Schutzrechtsbestandes ergreifen muss. Damit dienen Patentportfolios der Übersicht, und der Initiierung einer Strategiediskussion mit der anschließenden Feinuntersuchung und Umsetzung der Strategie.[160]

Das in der Potenzialanalyse verwendete Portfolio besitzt zwei Haupteinflussbereiche die für eine Beurteilung der wirtschaftlichen Relevanz des jeweiligen Teilportfolios wichtig sind: Unternehmensrelevanz und Marktrelevanz. Dabei wird berücksichtigt, dass der wirtschaftliche Nutzen von Schutzrechten sich aus zwei Bereichen speist. Zum einen ist dies die unternehmensinterne Sicht, zum Beispiel im Sinne der aktiven Umsetzung eines Schutzrechts in Form eines Produktes und dessen Vermarktung, zum anderen die unternehmensexterne Sicht. Diese Sichtweise integriert die Wettbewerbswirkungen ebenso wie zum Beispiel die potenzielle oder reale Vergabe von Lizenzen zur Nutzung und Produktion in dritten Unternehmen. Die Eigenschaften der einzelnen Schutzrechte bzw. Schutzrechtsgruppen werden jeweils in einem Bündel von passenden Bewertungskriterien abgebildet und zu einer Kennziffer verarbeitet. Dabei geht man in mehreren Schritten vor.

Die nachfolgende Checkliste gibt einen Handlungsleitfaden zur praktischen Gestaltung eines Patentportfolios. Grundlage sind dabei Kenntnisse des eigenen Patentbestandes. Darüber hinaus ist die Kenntnis des eigenen Produkt- und Prozessportfolios sowie der Marktentwicklungen und strategischen Planungen des Unternehmens notwendig. Die einzelnen Kriterien sowie die Maßstäbe für die Einschätzung der Punkte, die für die Überdeckung von Eigenschaften und Erwartungen vergeben werden, können der jeweiligen Situation des Unternehmens bzw. den Marktgegebenheiten angepasst werden. Zur Erhaltung der Vergleichbarkeit der verschiedenen Teilportfolios ist eine konsistente Punktevergabe notwendig.

Checkliste: Gestaltung des Patentportfolios

(1) Vollständige Dokumentation und Darstellung des Patentbestandes (technische gewerbliche Schutzrechte).

(2) Technologische Einteilung der Schutzrechte – Zuordnung der Schutzrechte nach dem wesentlichen technologischen Charakter.

(3) Zuordnung der Schutzrechte und Technologien zu den vorhandenen und geplanten Produkten, Produktionsprozessen, Applikationsbereichen, Märkten (Regionen) etc.

(4) Berücksichtigung der Zukunftsplanungen unter Punkt (3) – das aktuelle Patentportfolio muß auch die strategischen Planungen abdecken.

(5) Durch die Einteilung nach Technologien entstehen technologieorientierte Teilportfolios.

(6) Beurteilung der technologieorientierten Teilportfolios nach unternehmensrelevanten Größen (siehe Punkt 3) – z.B. auf einer Punkteskala von 0 (keine Relevanz) – 100 (vollständige Übereinstimmung des Portfoliocharakters mit den gewünschten Eigenschaften oder Zielen).

(7) Beurteilung der technologieorientierten Teilportfolios nach marktrelevanten Größen: Lizenzpotenzial, Marktgröße, Marktentwicklung etc.

(8) Vergabe von Punkten für die Teilportfolios bzgl. der Marktrelevanz z.B. auf einer Punkteskala von 0 (keine Relevanz) – 100 (vollständige Übereinstimmung des Portfoliocharakters mit den gewünschten Eigenschaften oder Zielen).

(9) Darstellung der Teilportfolios durch Kreise (Durchmesser entspricht der Anzahl der Schutzrechte im Teilportfolio).

(10) Mittelpunkt der Kreise entspricht der mittleren Punktezahl für das Teilportfolio bzgl. der beiden Dimensionen Unternehmens- und Marktrelevanz.

Zunächst müssen für die anschließende Auswertung sinnvolle Gruppen von Schutzrechten gebildet werden. Die Kriterien für die Gruppenbildung können zum Beispiel Zugehörigkeit von Schutzrechten zu verschiedenen Geschäftsbereichen oder Produkten sein. In der Regel wird man eher technologische Kriterien verwenden (zur Strukturierung von Patentbeständen siehe Abschnitt 2.3). Die Bewertung der Schutzrechtsgruppen kann dann nach unternehmensspezifischen und marktorientierten Kriterien erfolgen. Ebenso können Kriterien zur Gewinnmaximierung der einzelnen Schutzrechte hinterlegt werden.[161] Typischerweise werden im Bereich der Unternehmensrelevanz Kriterien wie das Alter der Schutzrechte, der Rechtsstand, die Technologiebereiche, die Produktrelevanz etc. im Vordergrund stehen. Im Bereich der Marktrelevanz werden Kriterien wie die Möglichkeit der Lizenzierung, die Größe und Entwicklung potenzieller Lizenzmärkte berücksichtigt. Zusammenfassend ergibt sich für diese Bewertungen der einzelnen Schutzrechtsgruppen eine Darstellung wie in Bild 22.

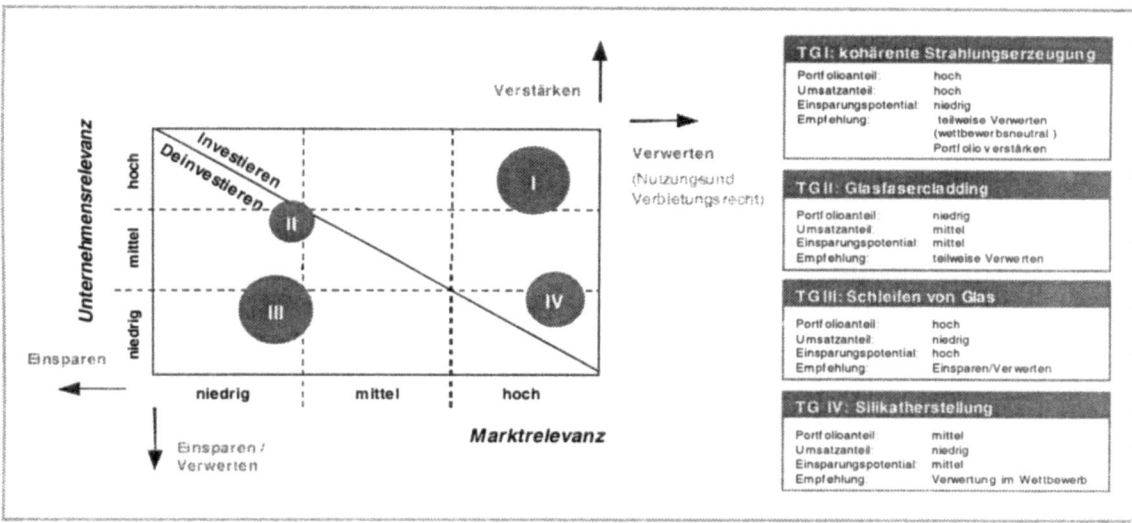

Bild 22: Schematische Darstellung eines Patentportfolios. Quelle: PATEV GmbH & Co. KG, München • Karlsruhe • Bonn © 2004.

Die unternehmensinterne und unternehmensexterne Betrachtungsweise führt zu einer Zoneneinteilung innerhalb des Portfolios.[162] Entlang einer Diagonalen zwischen der maximalen Unternehmensrelevanz und der maximalen Marktrelevanz kann links unten davon liegend der Bereich der Deinvestition und rechts oben davon liegend der Bereich der Investition abgegrenzt werden. In Schutzrechtsbereichen mit gleichzeitig niedriger Unternehmens- und Marktrelevanz erscheint ein Investitionsrückzug als erste Rahmenstrategie sinnvoll. In Schutzrechtsbereichen mit gleichzeitig hoher Unternehmens- und Marktrelevanz erscheint eine offensive Investitionsstrategie sinnvoll. Dabei sind jedoch zusätzliche Merkmale für die Investitionsrahmenstrategie bei den einzelnen Schutzrechtsgruppen zu berücksichtigen. Einer dieser zusätzlichen, zunächst nicht in die Bewertung einfließenden Faktoren ist die strategische Komponente eines Schutzrechts oder einer Schutzrechtsgruppe. Dies kann zum Beispiel die Sperrwirkung eines Schutzrechts sein die bisher nicht in die Bewertung eingeflossen ist. Ebenso fehlt in der Grundbetrachtung die mögliche Zukunftskomponente von einzelnen Schutzrechtsgruppen. Das heißt, dass Schutzrechte zum Beispiel im Sinne von Vorratspatenten angemeldet wurden, um dem Unternehmen eine strategische Option auf einen technologischen Markt zu ermöglichen. Sollte diese Schutzrechtsgruppe aktuell noch nicht genutzt werden und gleichzeitig der aktuelle Markt entsprechend klein sein, würde sich die Gruppe in einem Deinvestitionsbereich innerhalb des Patentportfolios befinden. Aufgrund der strategischen Bedeutung der Schutzechtsgruppe ist jedoch in diesem Fall die Deinvestitionsrahmenstrategie nicht im Sinne der Unternehmensstrategie.

Die besonderen Vorteile der Portfolioanalyse des gesamten Schutzrechtsbestands liegt in der transparenten Darstellung zur Ableitung von Patentstrategien und in der guten Kommunizierbarkeit. Insbesondere liefert die Portfolioanalyse eine managementadäquate Darstellung der Patentsituation. Die einzelnen Schutzrechtsgruppen sind bezüglich der relativen Einschätzung in der Regel ausreichend sicher bewertbar. Wichtig bei der Nutzung des Portfoliowerkzeugs ist die vorsichtige und sorgfältige Interpretation der Darstellung. Ebenso gehört eine detaillierte Definition zur Nutzung dieses Werkzeugs, welche Objekte (zum Beispiel Erfindungen, Patente, technische gewerbliche Schutzrechte, Patentfamilien, Auslandsschutzrechte, Anmeldungen etc.) berücksichtigt wurden und welche Kriterien zur Bewertung herangezogen wurden.

Zu berücksichtigen ist insbesondere, dass ein Schutzrecht aber allein schon deshalb strategischen Wert haben kann, weil es in einer bestimmten Technologie Sperrfunktion übernimmt und damit Verstöße von Konkurrenten verhindert (wie zum Beispiel die PCR-Technologie bei Hoffmann-La Roche)[163] oder Vorratspatente, wie oben erläutert, eine besondere strategische Bedeutung für die Unternehmensstrategie haben können.

4.3 Einsparungspotenziale

Für die einzelnen Portfolioanteile (Bild 22, die Kreisgröße entspricht dem Anteil am berücksichtigten Gesamtpatentbestand) werden so die Einsparungs- und Verwertungspotenziale analysiert. Auf der Basis von Kriterien wie dem Anteil der Patente am Schutz der Kernkompetenz, dem Anteil an der Unternehmensstrategie (Technologie, Produkte, Märkte, Regionen), dem sich aus den Schutzrechten ergebenden Wettbewerbsvorteil und der erwarteten Marktattraktivität lassen sich Einsparungs- und Erlöspotenziale für die einzelnen Portfolioanteile und Geschäftsbereiche berechnen. Diese Analyse dient als Entscheidungsgrundlage für das weitere Vorgehen. Plakativ wird das Gesamtergebnis zu einer „Roadmap to Profit" für das Patentportfolio.

Die in der Potenzialanalyse entwickelten Empfehlungen für die Portfolioentwicklung müssen zur betriebswirtschaftlichen Entwicklung des Unternehmens umgesetzt werden. Dazu werden einzelne Bereiche des Patentportfolios einer detaillierten Relevanzanalyse unterzogen (siehe Abschnitt 2.3). Das heißt, den Schutzrechten werden die jeweiligen Produkte und Technologien zugeordnet und deren Bedeutung für das Unternehmen wird bewertet. Wichtig dabei ist: Das Aufgeben von Schutzrechten ist endgültig – vermeintliche Wettbewerbsvorteile der aufgegebenen Monopolrechte können nicht zurückgeholt werden!

Daher werden für die einzelnen Schutzrechte oder Schutzrechtsgruppen unter anderem der Schutzrechtsumfang, die regionale Abdeckung und insbesondere die technologische Relevanz sowie der Umsatzbezug zum Unternehmen untersucht. Unter der technologischen Relevanz ist die Bedeutung der technischen Lösung für die Funktionalität oder die Leistungsfähigkeit des Gesamtprodukts zu verstehen. Gerade die Umsatzrelevanz eines Schutzrechts empfiehlt sich als Kriterium, sofern es sich um aktiv durch das Unternehmen genutzte Schutzrechte handelt. Dabei sollte der Bezug zu aktuellen Umsatzzahlen und deren zukünftige Erwartung berücksichtigt werden.

Die nachfolgende Checkliste gibt Hinweise auf die Einsparungsmöglichkeiten im Patentportfolio des Unternehmens. Sollte bei der Beantwortung der Fragen häufig eine negative Einschätzungen vorliegen bieten sich Möglichkeiten für Einsparungen im aktuellen Patentportfolio.

Checkliste: Einsparungspotentiale
(1) Deckt das Teilportfolio die Eigenschaften aktueller und zukünftiger Produkte ab?
(2) Entwickelt sich das Teilportfolio in der regionalen Abdeckung mit den Marktstrategien?
(3) Entwickelt sich das Teilportfolio mit der Lebenszyklusphase der marktrelevanten Produkte und der eingesetzten Prozesse?
(4) Werden die Schutzrechte des Teilportfolios im aktuellen Produktportfolio genutzt?
(5) Stören die Schutzrechte Wettbewerbsentwicklungen?
(6) Werden die Anmeldungen von den Patentämtern erteilt?
(7) Gibt es für Schutzrechte Lizenzanfragen?

Jedes dieser Merkmale sollte mit einem unternehmens- oder analysespezifischen Katalog von Eigenschaften hinterlegt werden, um eine möglichst detaillierte Punktebewertung zu ermöglichen. Mit Hilfe von einheitlichen Grenzen für die Bewertung kann so für die einzelnen Schutzrechtsgruppen eine Empfehlung für das weitere Vorgehen gegeben werden. Das besondere Augenmerk liegt auf den technologisch und wirtschaftlich nicht genutzten Schutzrechten.[164] Durch die Aufgabe nicht genutzter und nicht marktfähiger, also nicht lizenzierbarer Schutzrechte ist häufig ein Sparpotenzial von ca. 30 Prozent der jährlichen Aufrechterhaltungskosten möglich.

4.4 Erlöspotenziale

Die Verwertung von Patenten wird oftmals nur zögerlich in Angriff genommen. In vielen Unternehmen herrscht die Meinung vor, das eigene Patentportfolio sei nicht zur Verwertung geeignet. Außerdem sorgen sich viele Firmen um den Verkauf von Patenten, weil diese zunächst den Grundstein für eigene Produkte und Märkte schaffen sollten. Dabei wird aus den Augen verloren, dass gute Schutzrechte technologieorientiert sind und dadurch das Potenzial bieten, auch in anderen Branchen und Märkten wettbewerbsneutral eingesetzt zu werden (siehe Abschnitt 3.5). [165]

Zur konkreten Verwertung werden häufig ganze Verwertungsportfolios gebildet (siehe Bild 23). Diese bestehen neben solchen Schutzrechten, die veräußert werden sollen, auch noch aus ergänzenden Faktoren wie Lizenzoptionen, etwa auf Fertigungsschutzrechte, die im Unternehmen verbleiben sollen und Know-how-Optionen, um den zukünftigen Nehmer der Lizenz auch in die Lage zu versetzen, die angebotene Technologie konkret umzusetzen. Gerade diese wertsteigernden Faktoren machen ein attraktives Verwertungspaket aus, denn: Der Lizenznehmer wird nur einen technologischen oder wirtschaftlichen Vorteil kaufen – wie jeder andere Marktteilnehmer auch.[166]

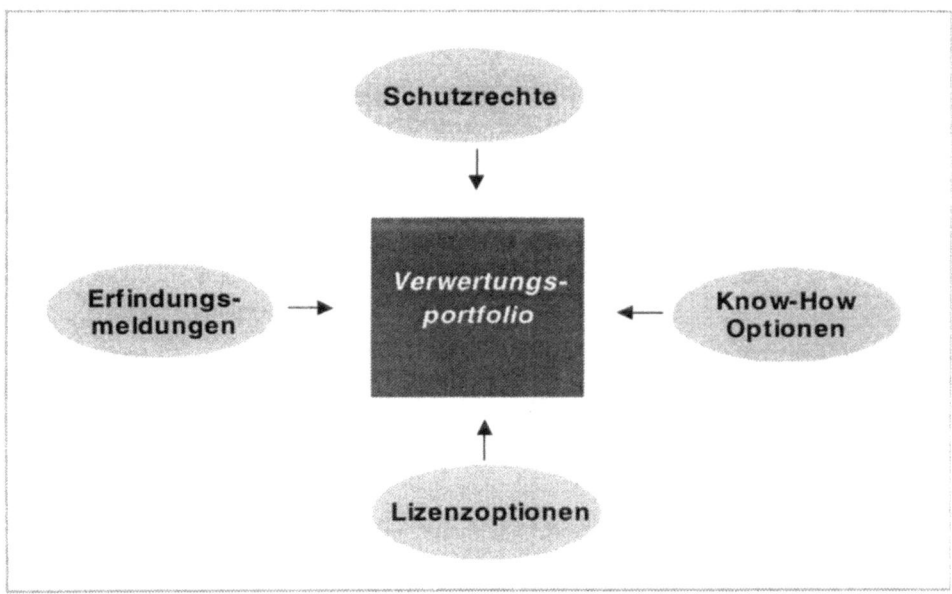

Bild 23: Schematische Darstellung der Anteile eines Verwertungsportfolios. Erst durch die Zusammenstellung solcher Verwertungsportfolios besteht für einen potenziellen Lizenznehmer ein technologischer und wirtschaftlicher Vorteil in der Nutzung. Quelle: PATEV GmbH & Co. KG, München • Karlsruhe • Bonn © 2004.

Durch die gezielte Identifikation von wettbewerbsneutralen Lizenzpartnern im Rahmen einer Patent- und TechnologieNavigation® und die anschließende Kontaktierung durch Exposés wird das eigentliche Bieterverfahren vertraulich vorbereitet. Verkauf und Lizenzvergabe müssen, wie schon beschrieben, unter konsequentem Schutz der Kernpatente ausschließlich wettbewerbsneutral stattfinden. Die Erlöse aus der Verwertung stellen dann für das Unternehmen eine zusätzliche, bedeutende Einnahmequelle dar.

Die nachfolgende Checkliste gibt Hinweise auf die Verwertungsmöglichkeiten im Patentportfolio durch Verkauf oder Lizenzvergabe. Sollte bei der Beantwortung der Fragen häufig eine positive Einschätzungen vorliegen bieten sich Möglichkeiten für neue Ertragspotentiale im aktuellen Patentportfolio.

Checkliste: Verwertungspotenziale

(1) Gibt es für die in den Schutzrechten hinterlegten Technologien Anwendungsbereiche in alternativen technologischen Branchen?

(2) Kann die in den Schutzrechten hinterlegte Technologie auch in Applikationen angewendet werden die nicht vom Unternehmen abgedeckt werden?

(3) Sind die Schutzrechte für Regionen angemeldet oder erteilt, die vom Unternehmen nicht als aktueller Markt abgedeckt werden können?

(4) Sind Unternehmen, z.B. Wettbewerber, bekannt, die aktive Schutzrechte verletzen?

(5) Sind die Schutzrechte frei von Kreuzlizenzbedingungen?

(6) Gab es in der Vergangenheit bereits Anfragen nach Lizenzen?

(7) Werden die Schutzrechte auf die Umsetzung einer aktiven Lizenzstrategie hin ausgearbeitet und angemeldet?

(8) Gehört die Nutzung des Ertragspotenzials Schutzrechtslizenzierung zur Unternehmensstrategie?

Langfristige Steuerung

Neben der einmaligen Aktivierung und Umsetzung des Patents-for-Profit-Prozesses ist es für die dauerhafte Wettbewerbssteigerung und Profitabilisierung der unternehmenseigenen Innovationsleistung notwendig, in eine langfristige Steuerungssituation durch das Patentmanagement zu gelangen. Das entspricht der Umsetzung der im dritten Kapitel genannten Schlüsselkomponenten:

- Patentinformation;
- Innovationsmanagement;
- Patentstrategie;
- betriebswirtschaftliches Patentportfolio;

- Patentmarketing;

- Kostenoptimierung.

Mit Hilfe dieser Faktoren wird der kontinuierliche Patents-for-Profit-Prozess im Unternehmen implementiert und gesteuert. Somit verbleibt das Patentmanagement im Bereich des optimierten Patentportfolios wie in Abbildung 21 dargestellt und das Ziel der Profitabilisierung des Patentbestandes wird dauerhaft im Sinne des Unternehmenserfolgs erreicht.

5 Anhang

5.1 Patentinformationen im Internet[*]

Die nachfolgende Zusammenstellung von Institutionen und Organisationen mit Angeboten von Patentinformationen soll einen Überblick über die nationalen und internationalen Einrichtungen geben. Die Aufstellung erhebt keinen Anspruch auf Vollständigkeit. Im einzelnen sind die Angebote mit folgenden Informationen versehen:

- **Informationsumfang der Datenbank**
- **Abdeckung:**
  Darunter ist der Zeitbereich zu verstehen, in welchem Daten für die Recherche zur Verfügung stehen.

- **Aktualisierung**
  Darunter ist die Periode zu verstehen, in welcher neue Daten in die Datenbank eingespielt werden.

- **Kontinuität der Dateneinspielung**
  Darunter werden mögliche Lücken in der Datenbank verstanden, auf die der Anbieter explizit hinweist.

- **Patentfamilieninformation**
  Informationen zu den Patentfamilien der einzelnen Schutzrechte. Dabei kann die Definition der Patentfamilie zwischen den einzelnen Anbietern der Datenbanken variieren.

- **Rechtsstandinformation**
  Informationen zum Rechtsstand der Schutzrechte bzw. Schutzrechtsanmeldungen.

- **Graphikinformation**
  Abbildungsfiles mit zum Beispiel der ersten Graphik oder einer Auswahl bzw. allen Figuren der Patentliteraturdokumente.

- **Zitatinformation**
  Informationen zu Prüferzitaten.

- **Regionalität**
  In der Datenbank vorhandene regionale bzw. internationale Patentliteratur.

- **Länderabdeckung**
  In der Datenbank vorhandene nationale Patentliteratur.

---

[*] Stand: Januar 2004.

Patentinformationen im WWW: Informationsumfang der Datenbanken

	Abdeckung	Aktualisierung	Kontinuität der Daten-einspielung	Patent-familien-information	Rechts-stands-information	Graphiken-information	Zitat-informa-tion	Regio-nalität	Länder-abdeckung
US-Patent and Trademark Office	1976	wöchentlich	ja	nein	bedingt	ja	ja	nein	US
Japan Patent Office (engl.)	1976	k.A.	ja	nein	bedingt	bedingt	nein	nein	JP
Europ. Patentamt espacenet	Länderabhängig	Länderabhängig	ja	ja	nein	ja	ja	ja	Überregional
DPINFO[1]	1968	täglich	ja	nein	ja	nein	nein	nein	DE
epoline	1978	täglich	ja	nein	ja	nein	nein	nein	EP
DEPATISNET	Länderabhängig	wöchentlich	ja	ja	nein	ja	nein	ja	Überregional
PCT-Gazette	1997	wöchentlich	ja	nein	nein	Frontpage	nein	PCT	PCT

[1]Login-IDnötig

Tabelle 7: Patentinformationen im WWW: Informationsumfang der Datenbanken

95

- **Recherchemöglichkeiten**

- **Retrivalsprache**
  Zur Recherche in der Datenbank geeignete Suchsprache mit Befehlen zum Beispiel für die Feldsuche oder verschiedene Anzeigeformate der Suchergebnisse.

- **Volltextbezogenes Retrival**
  Suchmöglichkeit in der gesamten Textbasis der hinterlegten Patent-literatur.

- **Bibliographisches Retrival**
  Suchmöglichkeit in bibliographischen Daten der hinterlegten Patent-literatur.

- **Datefeldbezogenes Retrival**
  Suchmöglichkeit in einzelnen Datenfeldern zum Beispiel für die Patent-nummer oder den Anmeldernamen.

- **Patentnummernsuche**
  Suchmöglichkeit nach Patentnummern.

- **Dokumentansicht**
  Möglichkeit das Suchergebnis in Form von Dokumenten anzuzeigen.

- **URL**
  Internetadresse der Datenbank.

Patentinformationen im WWW: Recherchemöglichkeiten der Datenbanken

	Retrival-sprache	Volltextbezo-genes Retrival	Bibliographi-sches Retrival	Datenfeldbezo-genes Retrival	Patent-nummern-suche	Dokument-ansicht	URL
US-Patent and Trademark Office	nein	ja	ja	ja	ja	ja	http://www.uspto.gov/patft/index.html
Japan Patent Office (engl.)	nein	nein	ja	ja	ja	nein	http://www.ipdl.jpo.go.jp/homepg_e.ipdl
Europ. Patentamt espacenet	nein	nein	ja	ja	ja	ja	http://ep.espacenet.com/
DPINFO[1]	nein	nein	nein	ja	ja	nein	https://dpinfo.dpma.de/
epoline	nein	nein	nein	ja	ja	nein	http://www.epoline.org
DEPATISNET	ja / DE	ja	ja	ja	ja	ja	http://www.depatisnet.de
PCT-Gazette	nein	nein	ja	ja	ja	nein	http://pctgazette.wipo.int/

[1] Login-Dnötig

Tabelle 8: Patentinformationen im WWW: Recherchemöglichkeiten der Datenbanken

97

5.2 Patentdokumentbestellung im Internet[*]

Die nachfolgende Zusammenstellung von Institutionen und Organisationen mit Angeboten zur Bestellung von Patentdokumenten soll einen Überblick über die Einrichtungen geben. Die Aufstellung erhebt keinen Anspruch auf Vollständigkeit. Im einzelnen sind für die Angebote mit den folgenden Informationen versehen:

- **Regionale Abdeckung:**
  Angebot an regionaler und internationaler Patentliteratur.

- **Zeitliche Abdeckung:**
  Information in welchem Zeitraum Patentliteratur zur Bestellung vorliegt.

- **Medienzugang:**
  Technische Möglichkeit des Zugangs zum Anbieter

- **Zeitaufwand**
  Zeitlicher Aufwand bei herunterladen bzw. bei der Bestellung von Dokumenten.

- **Lieferzeit:**
  Lieferzeit bis zur Bereitstellung der bestellten Dokumente.

- **Lieferart:**
  Möglichkeit des Bezugs der bestellten Dokumente; bzw. Dokumentformat.

- **Kosten:**
  Kosten für die Bestellung bzw. Bereitstellung von Dokumenten.

[*] Stand: Januar 2004.

Patentdokumentbestellung im WWW

	Regionale Abdeckung	Zeitliche Abdeckung	Medien-zugang	Zeitauf-wand*	Lieferzeit	Lieferart	Kosten (10 Seiten)
Patonline	Osteuropa, DE, EP, PCT, US	Länderabhängig DE ab 1985	Online	gering	ca. 1 Stunde	pdf, tif, Post, Fax	ca. € 2,10
Depatisnet	DE EP WO DD AT CH FR GB US JP	Länderabhängig DE ab 1877	Online	hoch	sofort	pdf	keine
esp@cenet	Europa, US, JP	Länderabhängig DE ab 1877	Online	hoch	sofort	pdf	keine
Landesgewerbeanstalt Bayern	DE, EP, PCT, US, AT, CH	Länderabhängig DE ab 1968	Offline	gering	ca. 1 Stunde	pdf	ca. €3,50
IPR-Village (Wila-Verlag)	DE, EP; WO, US	Länderabhängig DE ab 7/1975	Online	gering	ca. 1 Stunde	pdf	ca. €3,50

*Bestellung

Tabelle 9: Patentdokumentbestellung im WWW

Weiterführende Literatur

Die nachfolgende Literaturzusammenstellung soll Hinweise auf lohnende Lektüre zur Vertiefung der genannten Themenbereichen bieten.

Patentrecherche und Patentinformation

[1] Bendl, E., Weber, G.: Patentrecherche und Internet. Köln: Heymann 2002.

[2] Brendel, M.: Richtig recherchieren. Wie Profis Informationen suchen und besorgen. 4. erw. u. überarb. Aufl. Frankfurt am Main: F.A.Z.-Institut 2000.

[3] Hennes, W.: Informationsbeschaffung Online – Wettbewerbsvorteile durch weltweite Kommunikation. Frankfurt/Main; New York: Campus, 1995.

[4] Kolke, E.-G.: Online-Datenbanken – Systematische Einführung in die Nutzung elektronischer Fachinformation. 2. Aufl. München; Wien: Oldenburg, 1996.

[5] Potempa, T.: Informationen finden im Internet. Leitfaden für die gezielte Online-Recherche. 3., aktual. Aufl. München: Hanser 2001.

[6] Schmoch, U.: Wettbewerbsvorsprung durch Patentinformation. Handbuch für die Recherchenpraxis. Köln: TÜV Rheinland 1990.

[7] Wittmann, A.: Grundlagen der Patentinformation und Patentdokumentation. Berlin: VDE 1992.

[8] Wurzer, A.J.; De Waele,I; Jäger, G.; Tödte, B.; Weckend, E.; Ohms, J.; Matschiner, B.; Homölle, K.: Handbuch der Patentrecherche. Grundw. Inkl. 1. Aktualisierungslieferung, Wurzer, A.J. (Hrsg.), München: FORUM Institut für Management 2003.

[9] Wurzer, A. J.: Wettbewerbsvorteile durch Patentinformationen. 2. Aufl. Eggenstein-Leopoldshafen: Fachinformationszentrum Karlsruhe, 2003.

Patentanmeldung und Patentmanagement

[10] Brandi-Dohrn M., Gruber, S., Muir, I.: Europäisches und Internationales Patentrecht. Einführung zum EPÜ und PCT. 5. überarb. Aufl. München: Beck 2002.

[11] Bruchhausen, K., Nirk, R., Ullmann, E.: Patent-, Gebrauchsmuster- und Sortenschutzrecht. 2. vollst. neubearb. Aufl. Heidelberg: Müller 1999.

[12] Chrocziel, P.: Einführung in den Gewerblichen Rechtsschutz und das Urheberrecht. 2. Aufl. München: Beck 2002.

[13] Ilzhöfer V.: Patent-, Marken- und Urheberrecht. Leitfaden für Ausbildung und Praxis. 5. Aufl. München: Vahlen 2002.

[14] Rebel D.: Gewerbliche Schutzrechte: Anmeldung-Strategie-Verwertung. 3. überarb. Aufl. Köln: Heymann 2001.

[15] Reichel, H-R.: Gebrauchsmuster- und Patentrecht praxisnah. 5. akutal. Aufl. Renningen-Malmsheim: expert 2001.

[16] Repenn W.: Handbuch der Markenbewertung und -verwertung. Weinheim: Wiley VCH 1998.

[17] Sonn, H., Pawloy, P., Alge, D.: Patentwissen leicht gemacht. Wer schützt Daniel Düsentrieb? 2. aktual. Aufl. Wien: Ueberreuter 2001.

[18] Däbritz' E.: Patente. Wie versteht man sie? Wie bekommt man sie? Wie geht man mit Ihnen um? 2. Aufl. München: Beck 2001.

[19] Boeters, H. D.: Handbuch Chemiepatent: Anmeldung, Erteilung und Schutzwirkung europäischer und deutscher Patente. 2. Aufl. Heidelberg: Müller 1989.

[20] Hellebrand, O.: Patentanmeldung leicht gemacht. 8. Aufl. Stuttgart: Taylorix 1990.

[21] Münch, V.: Patentbegriffe von A bis Z. Weinheim: Wiley-VCH 1992.

[22] Schickedanz, W.: Die Formulierung von Patentansprüchen. Deutsche, Europäische und amerikanische Praxis. Weinheim: Wiley-VCH 2000.

[23] Wagner M. H., Thieler W.: Wegweiser für den Erfinder. Von der Aufgabe über die Idee zum Patent. 2. erw. u. aktual. Aufl. Heidelberg: Springer 2001.

[24] Harke, D., Ideen schützen lassen? – Patente, Marken, Design, Copyright, Werbung. München: Deutscher Taschenbuch Verlag 2001.

Entwicklung und Innovation

[25] Brown, J.S.; Oektinger, B.v. (Hrsg.): Ergebnis Innovation: die Welt mit anderen sehen. München; Wien: Hanser, 1998.

[26] Boutellier, R.; Völker, R.: Erfolg durch innovative Produkte: Bausteine des Innovationsmanagements, München; Wien: Hanser, 1997.

[27] Higgins, J.M.; Wiese, G.G.: Innovations-Strategien: Potenziale ausschöpfen, Ideen umsetzen, Markchancen nutzen. Stuttgart: Schäffer-Poeschel, 1998.

[28] Braun, C.-F.: Der Innovationskrieg: Ziele und Grenzen der industriellen Forschung und Entwicklung. München; Wien: Hanser, 1994.

[29] Quadbeck-Seeger, H.-J.: Faszination Innovation. Weinheim; New-York: Wiley-VCH: 1998.

[30] Little, A.D.: Management von Innovation und Wachstum. Wiesbaden: Gabler, 1997.

Lizenzen und Verwertung

[31] Wolff, A.: Lizenzgeschäft leicht gemacht – Wer darf wann was? Frankfurt; Wien: Wirtschaftsverlag Ueberreuter, 2001.

[32] Stumpf, H.; Groß, M.: Der Lizenzvertrag, 7. Aufl. Heidelberg: Verlag Recht und Wirtschaft 1998.

[33] Schmoch, U.: Freie Erfindungen erfolgreich verwerten. Köln: TÜV Rheinland 1996.

[34] Pagenberg, J.: Lizenzverträge: Patente, Gebrauchsmuster, Know-how, Computer-Software; kommentierte Vertragsmuster nach deutschem und europäischem Recht = License agreements. – 4. Auflage, Köln, Berlin, München: Heymanns 1997

[35] Widmer, S.: Erfolg mit Lizenzen: praxisorientierter Leitfaden für die Unternehmensführung. Zürich: Verlag Industrielle Organisation 1980.

Literaturverzeichnis

1 Harke, D., Ideen schützen lassen? – Patente, Marken, Design, Copyright, Werbung. München 2001, S. 1.

2 Lynn. G.S.; Morone, J.G.; Paulson, A.S.: Wie echte Produktinnovationen entstehen. In: Innovationsmanagement, Harvad Business Manager, Sammelband 3 (1997) 9-19.

3 BMBF: Faktenbericht Forschung 2002. S. 322.

4 Europäisches Patentamt: Nutzung des Patentschutzes in Europa - Repräsentative Erhebung. München: 1994.

5 S. N., Deutsche Erfinder trotzen der Wirtschaftsflaute, Süddeutsche Zeitung 21.06.2002, S. 25.

6 Deutsches Patent- und Markenamt, Jahresbericht, München: 2002.

7 Münch, V.: Mit Patentdatenbanken die Konkurrenz beäugen. VDI Nachrichten, 15, 10.04.1992, S. 38.

8 Ernst, H.: Patenting strategies in the German mechanical engineering industry and their relationship to company performance. Technovation 15(4) (1995) 225-240.

9 Werkmeister, G.: Ein riesiger Markt wartet auf seine Erschließung. Handelsblatt, 28.6.2000.

10 Hofinger, S.D.: Patente müssen sich rechnen. Harvard Business Manager, 1 (1999) 101.

11 Albrechts, J.: Wie der Geist zur Beute wird. Die Zeit 15.03.2001, S.17.

12 Gneuss, M.: Ungeschützte Patente. Die Welt, 26.08.2003.

13 Kort, K., US-Pharmariesen verlieren Schwung. Handelsblatt, 76, 19.04.2002, S.14.

14 Wurzer, A.J., Fonrobert, B.: Patente und Marken – Bedeutung im Bankenumfeld, Ausbildungsreihe Kreditrisikomanager. Bankakademie e.V. Frankfurt, 2003.

15 Wurzer, A.J.: Immaterielle Wirtschaftsgüter im Rating. Ausbildung Rating-Analyst, Akademie für Finanzmanagement AG, Stuttgart: 2003.

16 Rivette, K.G., Kline, D.: Wie sich aus Patenten mehr herausholen lässt. Harvard Business Manager 4 (2000) 28.

17 Sullivan, P.H.: Profiting from Intellectual Capital. New York: 1998.

18   Rivette, K.G.; Kline, D.: Rembrands in the Attic. Harvard Business School Press, Boston Mass.: 2000.

19   Wurzer, A.J.; Fonrobert, B.: Mittelstand in der Patentoffensive: Effektiver Nutzung und Kostenreduktion. Handelsblatt News am Abend, 169, 5.06.2003, S. 9.

20   Wurzer, A.J.: Effektiver Entwickeln – BERU steigert F&E-Effizienz durch Patentinformation. Automotive Engeneering Partners, 1 (2002) 2.

21   Storn, A., Biete Idee, suche Geld – Der Handel mit Patenten wird zum großen Geschäft. Die Zeit 19.02.2003, S. 25.

22   Fitzsimmons, C.; Jones, T.: Managing Intellectual Property. Oxford: 2002.

23   Wurzer, A.J.: Zertifikatslehrgang: Intellectual Property Management. Steinbeis-Hochschule, Berlin: 2003.

24   Storn, A.: Wissen meistbietend zu verkaufen. Financial Times, 18.07.2002, S. 33.

25   Koch, U.: Aus der Kostenstelle Patent ein Profitcenter machen. Industrieanzeiger, 16.09.2003, S. 24.

26   Grefermann, K.; Oppenländer, H.; Peffgen, E.; Röthlingshöfer, C.; Scholz, L.: Patentwesen und technischer Fortschritt. München: 1974. S. 34.

27   Haugg, N.: Neues aus dem Deutschen Patentamt. PATINFO, Konferenzband (1998) S. 6.

28   Winterfeldt: Ablaufänderung im Bereich Patente un die aktuelle Situation bei der Erledigung der 8-Monatsbescheide im Ergebnis der bisherigen Personalzuführung. Protokoll zur Industriebesprechung im DPMA (h1_041201) 4.12.2001, S. 5.

29   Grefermann, K.; Oppenländer, H.; Peffgen, E.; Röthlingshöfer, C.; Scholz, L.: Patentwesen und technischer Fortschritt. München: 1974. S. 64-67.

30   Faust, K.: Das Patentsystem auf dem Prüfstand. Ifo Schnelldienst 27 (1999) 2.

31   Faust, K.: Das Patentsystem auf dem Prüfstand. Ifo Schnelldienst 27 (1999) 2.

32 Goddar, H.: Die wirtschaftliche Bewertung gewerblicher Schutzrechte beim Erwerb technologieorientierter Unternehmen. Mittei-
lungen der deutschen Patentanwälte 12 (1995) 354-366.

33 Ernst, H.: Patentinformationen für die strategische Planung von Forschung und Entwicklung. Wiesbaden: 1996.

34 Pierer, v.H.: Patente – ein wichtiger Rohstoff der globalen Wissens-
gesellschaft. GRUR 10 (1999) 819.

35 Häring, C.; Mischler, G.: Patente sind Trumpf. Markt und Mittelstand 7 (2003) 102-104.

36 Mbal: Wartezeit für Erfinder soll kürzer werden. Süddeutsche Zeitung, 2.07.2003, S. 18.

37 Wurzer, A.J.; De Waele,I; Jäger, G.; Tödte, B.; Weckend, E.; Ohms,
J.; Matschiner, B.; Homölle, K.: Handbuch der Patentrecherche.
Grundw. Inkl. 1. Aktualisierungslieferung, Wurzer, A.J. (Hrsg.),
München: 2003. RT 1 – RT 2.

38 Rivette, K.G.; Kline, D.: Rembrands in the Attic. Boston Mass.: 2000.

39 Stollorz, V.; Elleringmann, S.: Wem gehört der Mensch? Geo Maga-
zin 9 (2000) 46-68.

40 Wurzer, A.J.; De Waele,I; Jäger, G.; Tödte, B.; Weckend, E.; Ohms,
J.; Matschiner, B.; Homölle, K.: Handbuch der Patentrecherche.
Grundw. Inkl. 1. Aktualisierungslieferung, Wurzer, A.J. (Hrsg.),
München: 2003. RT 2.

41 Foris AG: Durchsetzung von Schutzrechtsansprüchen. Produkt-
beschreibung, Bonn: 2003.

42 Wiesberg, M.: Wer nicht patentiert, verliert, Patente: Ideenschutz
und Radar für technologische Entwicklung. VDI Nachrichten 12,
21.03.2003, S. 15.

43 Deutsches Patent- und Markenamt, Jahresbericht, München: 2002.

44 BMBF: Patente als Informationsquelle für Innovationen. MIKUM-
Bericht, Bonn: 1996.

45 ebda.

46 Gerpott, T.J.: Strategisches Technologie- und Innovationsmanagement. Stuttgart: 1999. S. 143ff.

47   Menninger, J.; Kunowski, S.: Wertermittlung von Patenten, Technologien und Lizenzen vor dem Hintergrund von Optimierungsstrategien. DStR 28 (2003) 1180-1184.

48   Sullivan, P-H.: Reporting on Intangible Assets. Les Nouvelles 9 (2002) 78-81.

49   Dawound, S.; Heiden, M.: Aktuelle Entwicklungen zur Erfassung immaterieller Werte in der externen Berichterstattung – Neuorientierung durch die Verwendung kennzahlenbasierter Konzepte. DStR 40 (2001) 1716-1727.

50   Maul, K-H.: Das „Intellectual Property Statement" – eine notwendige Ergänzung des Jahresabschlusses? Der Betrieb 11 (2000) 529-534.

51   Kossovsky, N.; Brandegee, B.: Monetization Strategies Other Than Licensing, Emerging Financial Concepts in Intellectual Asset Management. les Nouvelles, 6, S. 77, 2003.

52   Wurzer, A.J.: Das Patent als strategische Option. Refa Zeitschrift für Unternehmensentwicklung und Industrial Engineering 51, (2002) 2-3.

53   Koch, U.: Selbst geschaffene Patente für die Expansionsfinanzierung nutzen. VDMA Nachrichten 9 (2001) 75-76.

54   Demberg, G.: Wie Firmen und Investoren von Patenten profitieren. Welt am Sonntag, 7.10.2001.

55   Bundesverband Deutscher Banken (Hrsg.): Deutsche Fragen - Welche Zukunft hat der Mittelstand [Symposium des Bundesverbandes Deutscher Banken und der Universität Bremen]. Bremen: 2000, S. 15.

56   Oppermann, B.: 100 Punkte sind die Bestnote für ein Patent – Patente bringen bares Geld. Industrieaneiger 32-33 (2001).

57   Häring, C.; Mischler, G.: Patente sind Trumpf. Markt und Mittelstand 7 (2003) 102-104.

58   VÖB-Bildungsservice Gesellschaft des Bundesverbandes Öffentlicher Banken Deutschlands mbH: Patente und Technologien: Schlüsselelemente beim Rating von Firmenkunden. Schulung, Bonn: 2002-2003.

59   Wurzer, A.J., Fonrobert, B.: Patente und Marken – Bedeutung im Bankenumfeld, Ausbildungsreihe Kreditrisikomanager. Bankakademie e.V. Frankfurt, 2003.

60   Kossovsky, N.; Brandegee, B.: Monetization Strategies Other Than Licensing: Emerging Financial Concepts In Intellectual Asset Management. Les Nouvelles 6 (2003) 77-78.

61   Deutsche Bank: Ideen sichern – Vorsprung schafften. Gewerbliche Schutzrechte als Erfolgsfaktor für Unternehmen. Frankfurt/Main: 2000.

62   Commerzbank: Mobilienleasing in Deutschland Teil 1. Com:pany.news, Frankfurt/Main 2 (04/06 2002).

63   Maul, K.-H.; Menninger, J.: Das ‚Intellectual Property Statement‘ – eine notwendige Ergänzung des Jahresabschlusses? Der Betrieb 11/53 (2000) 529.

64   Wurzer, A.J.: Patentbewertung zur Steigerung der Wettbewerbsfähigkeit. VDMA-Nachrichten 11 (2001) 72-73.

65   Degnan, S.A.: Using Financial Models to Get Royalty Rates. Les Nouvelles 6 (1998) 59-63.

66   Faix, A.: Patentmanagement mit der Patentportfolio-Analyse. IO Management 5 (2000) 44-47.

67   Harrion, S.; Rivette K.: The IP Portfolio as a Competitive Tool. In: Sullivan P.H. (Hrsg.): Profiting from Intellectual Capital – Extracting Value from Innovation. New York, USA: 1998. S. 122.

68   Brockhoff, K.K.: Instruments for patent data analyses in business firms. Technovation 12/1 (1992) 49.

69   Schmoch, U.; Grupp, H.; Mannsbart, W.; Schwitalla, B.: Technikprognosen mit Patentindikatoren. Köln: 1988.

70   Wurzer A.J.; Schlickau, S.: Patentdaten informieren über Märkte der Zukunft. Konstruktion 4 (2000) 39-41.

71   Faust, K.: Das Patentsystem auf dem Prüfstand. Ifo Schnelldienst 27 (1999) 2.

72   Faix, A.: Die Nutzung von Patenten im Innovationsmarketing. Newsletter Technischer Vertrieb, Köln 23.10.2001, S. 3.

73   Harhoff, D.; Reitzig, M.: Strategien zur Gewinnmaximierung bei der Anmeldung von Patenten. Wirtschaftliche und rechtliche Aspekte als Entscheidungsgrößen beim Schutz von FuE. Zeitschrift für Betriebswirtschaft 5/71 (2001) 509-529.

74   Brockhoff, K.: Instruments for patent data analyses in businessfirms. Technovation 12/1 (1992) 49.

75 Harhoff, D.; Scherer, F.M.; Vopel, K.: Citations, family size, opposition and the value of patent rights. Research Policy 32 (2003) 1343-1363.

76 Davis, J.L.; Harrison, S.S.: Edison in the Boardroom – How Leading Companies Realize Value from Their Intellectual Assets. New York, USA: 2001.

77 Sykes, J., King, K.: Valuation And Exploitation Of Intellectual Property And Intangible Assets. Hertfordshire, Großbritannien: 2003.

78 Löhn, J.: Wissenschaft und Wirtschaft – Kriterien für den Transfer. In Wirtschaft und Wissenschaft – eine Allianz mit Zukunft in Deutschland? Ringberg-Symposium, Schloß Ringberg/Tegernsee: 1998.

79 Skupch, G.: Die Patentinformation als Produktionsfaktor. DVS Berichte, 156 (1993) 117-118.

80 Levin, R.C.; Klevorick, A.K.; Nelson, R.R.; Winter, S.G.: Appropriating the returns from industrieal research and development. Brookings Papers on Economic Activity, 3 (1987) 783-820.

81 BMBF: Mit dem Patent zum Erfolg – Erfahrungsberichte und Ergebnisse des BMBF-Projekts: KMU-Patentaktion. Bonn: 2000.

82 Schmoch, U.: Wettbewerbsvorsprung durch Patentinformation – Handbuch für die Recherchepraxis. Karlsruhe; Köln: 1990.

83 Koschatzky, K.: Informieren vor innovieren. Industrie, 45 (1992) 44-47.

84 Ulrich, S.: Wettbewerbsvorteile durch Patentinformationen: Handbuch für die Recherchepraxis mit ausführlichem Online-Teil. Karlsruhe; Köln: 1990, S. 13.

85 Steinhöfel, N.: Patentrecherche mit Datenbanken in Deutschland und Europa. Farbe u. Lack 4 (1994) 271-272.

86 Wagner M. H., Thieler W.: Wegweiser für den Erfinder. Von der Aufgabe über die Idee zum Patent. 2. erw. u. aktual. Aufl. Heidelberg: 2001.

87 Boutellier, R.; Behrmann, N.; Bratzler, M.: Patentsystem als Wissensfundus. Wissenschaftsmanagement 01 (1998) 54.

88   Wurzer, A.J.; De Waele,I; Jäger, G.; Tödte, B.; Weckend, E.; Ohms, J.; Matschiner, B.; Homölle, K.: Handbuch der Patentrecherche. Grundw. Inkl. 1. Aktualisierungslieferung, Wurzer, A.J. (Hrsg.), München: 2003. KS2.1 – KS2.5.

89   Wurzer, A.J.: Wettbewerbsvorteile durch Patentinformationen. 2. Aufl. Karlsruhe: 2003. S. 58.

90   Wurzer A.J.; Tödte, B.: Handbuch der Patentrecherche auf CD-ROM. Information in Wissenschaft und Praxis 5/54 (2003) 308-310.

91   Geiß, D.: Neues aus der Patentinformation. NFD 50 (1999) 103-104.

92   Bendl, E., Weber, G.: Patentrecherche und Internet. Köln: 2002.

93   Vornkahl, H.: Marktforschung als Informationsverhalten von Unternehmen. Wiesbaden: 1997. S.19.

94   Kolke, E.-G.: Online-Datenbanken – Systematische Einführung in die Nutzung elektronischer Fachinformation. 2. Aufl. München; Wien: 1996.

95   Tödte, B.: Einführung in die Patentrecherche. Seminarunterlagen, Forum-Institut: Heidelberg: 2003.

96   Löchner, W., Schumacher, F.: Die Nutzung von Datenbanken. Düsseldorf: 1985.

97   Hitchcock, D.: Patent searching made easy. 2.Aufl. Berkeley, CA: 2001.

98   Claassen, W.: Fachwissen Datenbanken: Die Information als Produktionsfaktor. 1. Aufl. Essen: 1986.

99   BMBF: Mit dem Patent zum Erfolg – Erfahrungsberichte und Ergebnisse des BMBF-Projekts KMU-Patentaktion. Bonn: 2000.

100 Eisenrith, E.: Das Patentwesen als Informationsquelle für Innovationen. Düsseldof: 1981.

101 Spilker, M. (Hrsg): Unternehmer und neue Märkte: Visionen für eine unternehmerische Zukunft; Dokumentation einer gemeinsamen Veranstaltung des Bundesverbandes Junger Unternehmer (JU) und der Bertelsmann Stiftung. Gütersloh: 1997, S. 15.

102 Welge, M.K.; Al-Laham, A.: Strategisches Management. 3. Aufl. Wiesbaden: 2001, S. 277 - 288.

103 Lange, V.: Technologische Konkurrenzanalyse – Zur Früherkennung von Wettbewerberinnovationen bei deutschen Unternehmen. Wiesbaden: 1994.

104 Grefermann, K.; Oppenländer, H.; Peffgen, E.; Röthlingshöfer, C.; Scholz, L.: Patentwesen und technischer Fortschritt. München: 1974. S. 35.

105 Wurzer, A.J.; De Waele,l; Jäger, G.; Tödte, B.; Weckend, E.; Ohms, J.; Matschiner, B.; Homölle, K.: Handbuch der Patentrecherche. Grundw. Inkl. 1. Aktualisierungslieferung, Wurzer, A.J. (Hrsg.), München: 2003. GR 2.

106 Wurzer, A.J.: Wettbewerbsvorteile durch Patentinformationen. 2. Aufl. Karlsruhe: 2003. S. 36.

107 Grefermann, K.; Oppenländer, H.; Peffgen, E.; Röthlingshöfer, C.; Scholz, L.: Patentwesen und technischer Fortschritt. München: 1974. S. 34.

108 Trügerischer Schutz. Markt und Mittelstand 9 (1999) 40-43.

109 Grefermann, K.; Oppenländer, H.; Peffgen, E.; Röthlingshöfer, C.; Scholz, L.: Patentwesen und technischer Fortschritt. München: 1974. S. 60-67.

110 SV Gemeinnützige Gesellschaft für Wissenschaftsstatistik mbH: Forschung und Entwicklung in der Wirtschaft. 7 (1993) 48.

111 Wurzer, A.J.: Effektiver entwickeln – BERU steigert F&E-Effizienz durch Patentinformationen. Automotive Engineering Partners 1 (2000) 2-6

112 Ernst, H., Patentinformationen für die strategische Planung von Forschung und Entwicklung. Wiesbaden: 1996. S. 413.

113 Meyer, P.W.; Mattmüller, R.; Susen, S.; Wieland, R.A.: Erfolgreiches Innovationsmanagement in mittelständischen Unternehmen – Ein praxisorientierter Leitfaden. München: 1994. S. 19.

114 Ashton, B.W.; Rajat K.S.: Using Patent Information in Technology Business Planning-I. Research Technology Management 11/12 (1988) 42-46.

115 DeMatteis, B.: From Patent to Profit. Penguin Putnam, 1999.

116 Fendt, H.: Strategische Patentanalyse – Blick in die Zukunft. Wirtschaftswoche 29 (15.7.1983) 40-43.

117 Faix, A.: Patente im strategischen Marketing: Sicherung der Wettbewerbsfähigkeit durch systematische Patentanalyse und Patentnutzung. Berlin: 1998. S. 44-46.

118 Pagenberg, J.: Lizenzverträge: Patente, Gebrauchsmuster, Know-How, Computer-Software; kommentierte Vertragsmuster nach deutschem und europäischem Recht - License agreements. 4. Auflage, Köln; Berlin; München: 1997. S. 248 Randziffer 12ff.

119 Täger, U.C.: Empirische Patentforschung: Mehr Information über ökonomische Wirkungen des Patentes erforderlich. Ifo-Schnelldienst, 43 (3) (1990) 3-9.

120 Sullivan, P.H.: Profiting from Intellectual Captial. New York, 1998.

121 Max Planck Gesellschaft: Wissenschaft und Wirtschaft – Kriterien für den Transfer. Rinberg-Symposium. Ringberg/Tegernsee, 1998. S. 51.

122 Lang, F.: Von der Innovation zum Markterfolg: der Crashkurs für Praktiker. Frankfurt/Main; New York: 1997, S. 86.

123 Miele, A.L., Patent Strategy: The Manager's Guide to Profiting from Patent Portfolios. New York: 2001.

124 Wurzer, A.J.: Fahrzeugbau setzt trotz Kostendruck auf Patente – Kostenmanagement in der Patentoffensive als Wettbewerbsvorteil. Handelsblatt, IKB-News am Abend 220 (2003) 9.

125 Rings, R.: Patentbewertung – Methoden und Faktoren zur Wertermittlung technischer Schutzrechte. GRUR, 10 (2000) 839-848.

126 DPMA: Hinweise zu Gebühren in Patentsachen. P 2795. München: 2003.

127 ebd.

128 Europäisches Patentamt. Stand: 1.7.1999.

129 Omland, N.: Erfolgsfaktoren des Patentschutzes. Diplomarbeit am Lehrstuhl für Betriebswirtschaftslehre, Vallendar: 2002. S.

130 Harhoff, D.; Reitzig, M.: Strategien zur Gewinnmaximierung bei der Anmeldung von Patenten. Zeitschrift für Betriebswirtschaft (ZfB) 5 (2001) 509-529.

131 Duhme, T.: Kostenorientierte Patentstrategien. Vortrag am Tag der gewerblichen Schutzrechte. Stuttgart, 16.07.2003.

132 Fitzsimmons, C., Jones, T.: Managing Intellectual Property. Capstone Publishing, Oxford: 2002.

133 Pleschak , F.; Sabisch, H: Innovationsmanagement. Sutttgart: 1996.

134 Werkmeister, G.: Ein riesiger Markt wartet auf seine Erschließung. Handelsblatt, 28.06.2000.

135 Bludau, B.: Technologietransfer – vom Wissen zum Wohlstand. Gottlieb Daimler – und Karl Benz- Stiftung, Bertha-Benz-Vorlesung, 15.06.2000.

136 Grindley, P.C.; Teece, D.J.: Managing Intellectual Capital: Licencing and Cross-Licensing in Seminconductors and Electronics. California Management Review 39/2 (1997) 9-41.

137 Storn, A., Biete Idee, suche Geld – Der Handel mit Patenten wird zum großen Geschäft. Die Zeit 19.02.2003, S. 25.

138 Lenz, K.-F.: Grenzen des Patentwesens – Konkrete Maßnahmen gegen die Patentinflation. Norderstedt: 2002. S. 19-20.

139 Storn, A.: Nur nichts rauslassen. Viele mittelständischen Unternehmen schrecken vor der Verwertung ihrer Patente zurück – dabei könnten sie viel Geld verdienen. Financial Times Deutschland, 22.08.2002, S. 33.

140 Storn, A.: Wissen meistbietend zu verkaufen. Financial Times Deutschland. 18.07.2002. S. 33.

141 Deutsche Bundesbank: Technologische Dienstleistungen in der Zahlungsbilanz. Statistische Sonderveröffentlichung 12, Mai 2002.

142 Kriegler, B.: Rechtliche und wirtschaftliche Aspekte bei internationalen Lizenzverträgen. Wien: 2001.

143 Stumpf, H.; Groß, M.: Der Lizenzvertrag. 7. Aufl. Heidelberg: 1998. S. 53-54.

144 Bartenbach, K.; Gennen, K.: Patentlizenz- und Know-how-Vertrag. 5. Aufl. Köln: 2001. S.47-48.

145 Gibbs, A.; DeMatteis, B.: Essentials of Patents. Hoboken, NJ, USA: 2003. S. 30-31.

146 Koch, U.: Aus der Kostenstelle Patent ein Profitcenter machen. Industrieanzeiger 38 (2002) 24-25.

147 Storn, A.: Wissen meistbietend zu verkaufen. Financial Times Deutschland, 18.07.2002, S. 33.

148 Wurzer, A.J.: Wettbewerbsvorteile durch Patentinformationen. 2. Aufl. Karlsruhe: 2003. S. 132.

149 Ohmland, N.; Ernst, H.: Erfolgsfaktoren des Patentschutzes – Eine explorative Studie, Diplomarbeit an der WHU Wissenschaftliche Hochschule für Unternehmensführung – Otto-Beisheim-Hochschule: Vallendar: 2002.

150 Rivette, K.G.; Kline, D.: Rembrands in the Attic. Harvard Business School Press, Boston, Mass., USA: 2000.

151 Rivette, K.G.; Kline, D.: Wie sich aus Patenten mehr herausholen lässt, Harvard Business Manager 4, (2000) 28.

152 Sullivan, P.H.: Profiting from Intellectual Capital. Wiley, New York, 1998.

153 Wurzer, A.J.; Fonrobert, B.: Mittelstand in der Patentoffensive: Effektivere Nutzung und Kostenreduktion. Handelsblatt, IKB-News am Abend 169 (2003) 9.

154 Wurzer, A.J.: Einführung eines betriebswirtschaftlichen Patentmanagements: Kostengünstig und effizient. VDMA Nachrichten 10 (2003) 56.

155 Hofinger, S.: Portfolio-Analyse als Instrument unternehmerischer Patentpolitik. EPI Information, 4 (1997) 100-104.

156 Ernst, H.: Patent portfolios for strategic R&D planning. J. Eng. Technol. Manage. 15 (1998) 279-308.

157 Faix, A.: Attraktivität und Stärke bestimmen, Patentpolitik auf der Grundlage der Patentportfolio-Analyse. Wissenschaftsmanagement, 1 (2001) 14-18.

158 Faix, A.: Die Patentportfolio-Analyse- Methodische Konzeption und Anwendung im Rahmen der strategischen Patentpolitik. Zeitschrift für Planung, 12 (2001) 141-157.

159 Hofinger, S.D.: Patente müssen sich rechnen. Harvard Business Manager, 1 (1999) 101-106.

160 Möhrle, M.G.; Kreusch, G.: Patent-Portfolios als Hilfsmittel zur Steuerung unternehmerischer FuE-Aktivitäten – Ein kritischer Vergleich zwischen vier Ansätzen, in Griesche, D., Meyer, h., Florian Dörrenberg (Hrsg.), Innovative Managementaufgaben in der nationalen und internationalen Praxis, Wiesbaden: 2001. S. 195-208.

161 Harhoff, D.; Reitzig, M.: Strategien zur Gewinnmaximierung bei der Anmeldung von Patenten. Zeitschrift für Betriebswirtschaft (ZfB) 5 (2001) 509-529.

162 Schramm, R.; Ludwig, J.; Töpfer, B.: Patentanalyse und Patent-strategie. Patinfo, Ilmenau: 1997.

163 Faix, A.: Patentmanagement mit der Patentportfolio-Analyse. IO Management, 5 (2000) 44-47.

164 Wurzer, A.J.: Patentbewertung zur Steigerung der Wettbewerbs-fähigkeit. VDMA-Nachrichten, 11/01, S. 72, 2002.

165 Wurzer, A.J.: Patente: Ungehobene Schätze im Mittelstand. BDI Mittelstandsinformationen, 05-06, S.14, 2003.

166 Razgaitis, R.: Valuation an pricing of technology-based intellectaul property. Hoboken, USA: 2002, S 15.

Der Autor

Dr. Alexander J. Wurzer ist geschäftsführender Gesellschafter der PATEV ® GmbH & Co. KG, Gesellschaft für die Bewertung und Verwertung von Schutzrechten und Technologien, München • Karlsruhe • Bonn. In der Berufspraxis betreut er Industrieunternehmen, Kreditinstitute und Finanzdienstleister, Insolvenzverwalter und Patentanwälte bei der Risikoanalyse, Bewertung und Verwertung gewerblicher Schutzrechte.

Nach dem Studium der Physik, Mikro- und Molekularbiologie an der Ludwig-Maximilians Universität in München und parallel zur Promotion in Biophysik arbeitete er im gewerblichen Rechtsschutz, unter anderem für die Fraunhofer-Gesellschaft.

Dr. Wurzer leitet das Institut für Intellectual Property Management der Steinbeis-Universität Berlin. Er ist Lehrbeauftragter an der Heinrich-Heine Universität Düsseldorf, am Lehrstuhl für bürgerliches Recht und gewerblichen Rechtsschutz für Patentrecherche und Patentbewertung. Diese Arbeit begleitet er auch als Mitglied des Arbeitskreises Patentrecht am Zentrum für gewerblichen Rechtsschutz der Universität Düsseldorf. Er ist Mitglied des Arbeitskreises für Patentbewertung der Licensing Executives Society (LES).

Er ist Dozent an der Hochschule für Bankwirtschaft in Frankfurt, der Akademie für Finanzmanagement, Stuttgart und ist Vortragender beim Bildungsservice des Bundesverbandes Öffentlicher Banken Deutschlands sowie an der Bankakademie, Frankfurt am Main.

Dr. Wurzer ist Herausgeber des Handbuchs der Patentrecherche zusammen mit dem Abteilungspräsidenten für Information des Deutschen Patent- und Markenamtes. In Zusammenarbeit mit dem Fachinformationszentrum Karlsruhe erschien im März 2003 die 2. Auflage der „Wettbewerbsvorteile durch Patentinformationen". Er ist zudem Autor zahlreicher Beiträge zum Themenbereich des betriebswirtschaftlichen Patentmanagements.

Er ist u.a. Mitglied in der German Association for the Protection of Industrial Property and Copyright Law (GRUR), und dem Verein Deutscher Ingenieure (VDI).

MIX
Papier aus verantwortungsvollen Quellen
Paper from responsible sources
FSC® C105338

FSC
www.fsc.org

Printed by Libri Plureos GmbH
in Hamburg, Germany